Royal Horticultural Society

Frische Ernte ohne Garten

Obst und Gemüse aus dem Topf

Royal Horticultural Society

Frische Ernte ohne Garten

Obst und Gemüse aus dem Topf

Kay Maguire

Penguin
Random
House

Für Jo, Kip und Matilda und für Mum und Dad

Cheflektorat Helen Griffin
Redaktionsleitung Alison Starling
Redaktion Joanna Chisholm
Art Director Jonathan Christie
Bildredaktion Juliette Norsworthy
Gestaltung und Satz Lizzie Ballantyne
Herstellung Lucy Carter
Registererstellung Michèle Clark
Producer Griffin Books

Royal Horticultural Society:
Redaktionsleitung Rae Spencer Jones
Redaktion Simon Maughan

Für die deutsche Ausgabe:
Programmleitung Monika Schlitzer
Redaktionsleitung Caren Hummel
Projektbetreuung Manuela Stern
Herstellungsleitung Dorothee Whittaker
Herstellungskoordination Arnika Marx
Herstellung Inga Reinke
Covergestaltung Melanie Bundschuh

Titel der englischen Originalausgabe:
Grow your own crops in pots

First published in Great Britain in 2013 by Mitchell Beazley,
an imprint of Octopus Publishing Group Ltd, Endeavour House,
189 Shaftesbury Avenue, London WC2H 8JY

Published in association with the Royal Horticultural Society, London
Design and layout copyright © Octopus Publishing Group Ltd 2013
Text copyright © Kay Maguire 2013
Text copyright © The Royal Horticultural Society 2013
Alle Rechte vorbehalten

Übersetzung Reinhard Ferstl
Lektorat Christine Condé

ISBN 978-3-8310-3226-6

Druck und Bindung in China

Besuchen Sie uns im Internet
www.dorlingkindersley.de

Hinweis
Die Informationen und Ratschläge in diesem Buch sind von den Autoren und vom Verlag
sorgfältig erwogen und geprüft, dennoch kann eine Garantie nicht übernommen werden.
Eine Haftung der Autoren bzw. des Verlags und seiner Beauftragten für Personen-,
Sach- und Vermögensschäden ist ausgeschlossen.

Die Royal Horticultural Society ist der führende britische Gartenbauverein. Er widmet sich
der Förderung des Gartenbaus und stellt als gemeinnützige Organisation fachlichen Rat
sowie Informationen zur Verfügung, bildet die nächste Generation von Gärtnern aus,
bietet Kindern die Möglichkeit, erste Versuche beim Anbau von Pflanzen zu machen, und
führt Forschungsarbeiten zu Pflanzen, Schädlingen und Umweltthemen durch.

Inhalt

Einführung 6

Grundlagen 10

Gut geplant ist halb geerntet! 12
Saatgut und Pflanzen auswählen und kaufen 16
Aussäen und Anpflanzen 18
Pflanzen versorgen und schützen 22
Stressfrei wässern 28
Ernte und Lagerung 30
Häufige Probleme 32
Der Quadratmetergarten 36

Obst 40

Gemüse 74

Kräuter 138

Essbare Blüten 160

Glossar 170
Register 172
Dank und Bildnachweis 176

Die neue Lust an der Selbstversorgung

Ziehen Sie sich Ihr eigenes Obst und Gemüse

Kay Maguire: »Der Anbau von Obst und Gemüse macht zufrieden, ist gesund – und hat einen enormen Spaßfaktor!«

Seit einigen Jahren steigt in der Bevölkerung der Anteil an Obst- und Gemüsegärtnern steil an. Allein in Deutschland versorgt sich bereits gut die Hälfte der 6,5 Millionen Hobbygärtner mit Köstlichkeiten aus dem eigenen Garten. Beweggründe sind nicht selten die Sorgen wegen dem Klimawandel, die Lebensmittelpreise, der CO_2-Fußabdruck oder auch einfach nur der Wunsch nach frischer, gesunder, »authentischer« Nahrung.

Es ist wahrscheinlich kein Zufall, dass der neue Trend gerade in einer Zeit weltweiter Wirtschaftskrisen Fahrt aufnimmt. Der Anbau von eigenem Obst und Gemüse löst zwar keine finanziellen Probleme, macht aber zufrieden und hält einen bei geistiger Gesundheit – das wird jeder Hobbygärtner bestätigen. Nimmt man noch dazu, dass es einen Riesenspaß macht und sehr erfüllend ist, wenn man etwas auf dem Teller hat, was man selbst angebaut hat, dann verwundert es nicht, dass sich so viele am Eigenanbau versuchen.

Ein kurzlebiger Modetrend? Das glaube ich nicht. Abgesehen davon, dass der Wunsch nach Selbstgezogenem echten Bedürfnissen entspringt – ob sie nun finanzieller Natur sind, aus Umweltbewusstsein entstehen oder der Sehnsucht nach gutem Essen geschuldet sind –, steckt dahinter auch ein echtes Interesse. Sobald man einmal Geschmack daran gefunden hat, kann man nicht mehr damit aufhören!

Ich habe Ende der 1970er-Jahre damit begonnen, gemeinsam mit meinem Vater Obst und Gemüse anzubauen. Heute, viele Jahre später, sind wir

Kräuter und Blattsalate in Töpfen sind pflegeleicht und reifen rasch heran. Gerade für Einsteiger, die erste Versuche mit dem Selbstanbau machen möchten, sind sie wie geschaffen.

Feigen wachsen in Gefäßen fast besser als im Freiland, denn wenn sich ihre Wurzeln etwas beengt fühlen, tragen sie besonders viele Früchte.

noch immer voll dabei. Das in Plastik verpackte Obst und Gemüse aus dem Supermarkt ist einfach nicht mit dem zu vergleichen, das man selbst angesät, gehegt und genährt, vor dem Unbill der Witterung geschützt und gegen den Ansturm von Schnecken verteidigt hat. Es ist frisch, gesund, frei von Chemikalien und schlechtem Gewissen und schmeckt.

Dank Pflanzgefäßen kann jeder, aber auch wirklich jeder, Schmackhaftes für sich anbauen. Die größte Zunahme ist in Städten zu verzeichnen: Beim »Urban Gardening« wird selbst der kleinste Platz in dicht bebauten Räumen für die Kultur von Obst, Gemüse und Kräutern genutzt; schließlich herrscht dort oft ein besonders mildes Mikroklima mit viel Sonne.

Jeder mit einer Fensterbank oder einer Abstellfläche für ein paar Töpfe kann etwas für sich anbauen. Weitere Optionen sind Wandgefäße, Fensterkästen und Blumenampeln. Selbst ohne einen Quadratzentimeter Freiland kann man sich immer noch etwas auf Terrassen, Dachgärten und Balkonen heranziehen.

Weil man Pflanzen in Töpfen maßgeschneiderte Erde bieten kann, lassen sich dort auch Obst- und Gemüsesorten anbauen, die an manchen Freilandstandorten wenig Chancen haben. Beispiel: Möhren. In feinkrümeliger Topferde gedeihen sie oft besser als in steinigen Böden. Heidelbeeren vertragen keine kalkhaltige Erde – in Töpfen kann man es ihnen so richtig gemütlich sauer machen. Minze und Meerrettich, die sich in Beeten stark

Tomaten sind ein sehr beliebtes Topfgemüse. Die hungrigen, durstigen Pflanzen verlangen aber regelmäßige Pflege.

Möhren gedeihen in Gefäßen prächtig. Man kann ihnen dort das ideale, völlig steinfreie Substrat bieten.

ausbreiten, lassen sich in Gefäßen im Zaum halten. Empfindliche Südländer wie Zitronen oder Lorbeerbaum bringt man in ihren Kübeln im Winter einfach nach drinnen. Töpfe sind eine hervorragende Alternative, wenn der Garten sumpfig, sehr trocken, karg oder sonstwie schwierig ist.

Topfpflanzen sehen zudem oft ausgesprochen dekorativ aus – vor allem mit dem richtigen Obst und Gemüse als Inhalt. Bohnen, Mangold und Rhabarber beispielsweise machen richtig etwas her, und auch Gartensalate gibt es in allerlei Farben und Texturen. Man kann sogar Nutz- und Zierpflanzen kombinieren – die Wirkung ist oft verblüffend. Damit löst man obendrein Probleme, die durch Monokultur entstehen, und lockt allerlei Nützlinge, die auf hübsche Blüten stehen, auf den Plan.

In diesem Buch erfahren Sie alles über den Anbau von Obst, Gemüse, Kräutern und anderen essbaren Pflanzen, um gleich loszulegen. Sie bekommen Tipps für Topfgrößen, Düngestrategien, Substrattypen und Sorten, die im Gefäß am besten gedeihen. Selbst wenn Sie noch nie zuvor etwas Essbares angebaut haben, werden Sie bald reiche Ernte einfahren. Ein bisschen Wässern und Düngen – mehr brauchen die meisten Gewächse nicht.

Steigen Sie mit Ihrem Lieblingsgemüse oder -obst ein und probieren Sie nächstes Jahr etwas anderes aus. Bald werden Sie merken, dass Selbstversorgung Spaß macht – und Ihr Leben ändern kann!

Aus Gemüse und Kräutern lassen sich vielfältige Arrangements komponieren. Genauso sorgfältig wie die Pflanzen muss aber das Gefäß ausgewählt werden.

Grundlagen

Gut geplant
ist halb geerntet!

Bevor Sie sich ans Werk machen, überlegen Sie zuerst, was Ihre Gewächse brauchen: Zum optimalen Standort gehören meist Wärme, viel Licht und Schutz. Topfpflanzen stellt man windgeschützt, damit sie nicht so schnell austrocknen. Wenn möglich, pflanzen Sie sie erst an Ort und Stelle ein – die Gefäße können ganz schön schwer werden.

Füllen Sie die Töpfe nach Möglichkeit an ihrem endgültigen Standort – später sind sie vielleicht zu schwer zum Heben. Außerdem müssen sie groß genug sein. Je kleiner der Topf, desto häufiger brauchen die Pflanzen Wasser und Nährstoffe. Flachwurzler wie Salate und Erdbeeren kommen mit Pflanzsäcken und Blumenampeln zurecht. Die meisten Gewächse aber brauchen einen mindestens 30 cm breiten Topf, Obstbäume, Rhabarber und Meerrettich auch schon einmal 60 cm. Es gibt Gefäße in allen Größen, Formen und Materialien.

Ton sieht gut aus, ist schwer und für große, hohe Pflanzen geeignet, sofern man sie nicht im Winter nach drinnen schleppen muss. Weil Tontöpfe porös sind, trocknen Wurzelballen darin rasch aus. Außerdem ist er nicht immer frostfest. Glasierter Ton ist etwas robuster als unglasierter.

Terrakotta sieht großartig aus, muss aber eventuell mit Luft-polsterfolie ausgeschlagen werden, damit der Ballen nicht zu rasch austrocknet und im Winter isoliert ist.

Kunststoff und Fiberglas sind robust und lassen kaum Wasser verdunsten. Weil sie wenig wiegen, kann man die Gefäße relativ leicht umstellen.

Metall sieht je nach Machart modern oder »retro« aus. Es ist stabil, leicht (ausgenommen Blei) und hält Wasser gut. Im Winter wird es sehr kalt, im Sommer heizt es sich stark auf, Nässe lässt es rosten. Daher schlägt man es vor dem Bepflanzen mit Karton oder Luftpolsterfolie aus.

Holz ist relativ leicht und robust, muss allerdings ausgeschlagen werden, da es sonst fault.

Blumenampeln und Fensterkästen eignen sich bestens für die Nutzung vertikaler Flächen. Die Pflanzen darin können überraschend gut fruchten.

Zweckentfremdete Gefäße Ausgemusterte Spülbecken, Olivenölkanister, alte Stiefel, Wein-kisten, Eimer ... die Liste der Behälter, die sich als Pflanzgefäße nutzen lassen, ist endlos. Man kann Obst, Gemüse und Kräuter in so ziemlich allem ziehen, solange es nur stabil und groß genug ist und Abzugslöcher hat. Und wenn es die nicht hat, bohrt man sie eben.

Pflanzsäcke Die preiswerte Alternative zu Töpfen ist für viele Kulturen geeignet.

Nutzpflanzen sind nicht wählerisch: Sie gedeihen in traditionellen Holztrögen ebenso wie in Pflanzsäcken oder Plastikwannen. Einzige Voraussetzung: genug Abzugslöcher.

Grundausstattung

- Gefäße
- Pflanzerde
- Dränagematerial
- Mulchmaterial
- Handschaufel und Handgabel
- Gießkanne oder Wasserschlauch
- Gartenschere
- Stäbe, Ruten, Zweige zum Stützen
- Gartenschnur
- Abdeckungen, Vlies, Netze
- Wer viel zu tun hat, öfter verreist oder einfach nur viele Töpfe hat, sollte in ein automatisches Bewässerungssystem investieren.

Manche Nutzpflanzen profitieren von Zusätzen in der Pflanzerde. Perlit (Mitte) und Vermiculit (rechts) verbessern den Wasserhaushalt und die Dränage in den Töpfen.

Für Aussaaten oder zum Umtopfen verwendet man ausschließlich frische Aussaat- oder Pflanzerde. Altes Substrat enthält oftmals Krankheitserreger.

Beim Bepflanzen von Töpfen arbeitet man je nach Kultur Langzeitdünger in das Substrat ein. Er versorgt Pflanzen, wenn der ursprüngliche Nährstoffgehalt aufgebraucht ist.

Eine Mulchschicht aus Kies verringert die Verdunstung von Wasser bei diesem Kräuterarrangement und hält Feuchtigkeit von den Pflanzen fern, sodass sie nicht so leicht faulen.

Pflanzerden

Für seine Topfpflanzen kann man nichts Besseres tun, als sie in hochwertiges Substrat zu pflanzen. Universal- bzw. Blumenerde ohne Tonanteil ist ideal für die meisten Nutzgewächse, hat aber sehr unterschiedliche Qualität – kaufen Sie deshalb nicht gerade die billigste. Da sie stark durchlässig und leicht ist, trocknet sie rasch aus und lässt sich mitunter schwer wieder durchfeuchten.

Wer größere oder längerlebige Pflanzen kultiviert, sollte Kübelpflanzenerde verwenden, denn sie ist schwerer und fester als tonfreie Erde und hält Wasser sowie Nährstoffe besser. Zudem gibt es Spezialerden wie etwa Moorbeeterde für Heidelbeeren oder Zitruspflanzenerde. Gartenerde kann

unter Umständen Krankheitserreger oder Schädlinge enthalten.

Zur Verbesserung der Durchlässigkeit und des Wasserhaushalts kann in das Substrat bei Bedarf Perlit, Sand oder Kies eingearbeitet werden. Auch gut verrottete Komposterde und ein Mykorrhiza-Pilzpräparat verhelfen Pflanzen in Töpfen zu einem guten Start. Wasser speicherndes Granulat verhindert ein Austrocknen des Ballens, es wird unter das Substrat gemischt.

In große Gefäße kann man unten alte Töpfe umgekehrt hineinstellen, um die benötigte Substratmenge und dadurch das Gewicht etwas zu reduzieren.

Dünger

Wurde beim Pflanzen kein Kompost oder Langzeitdünger in das Substrat eingearbeitet, ist der Nährstoffgehalt von handelsüblicher Topferde nach etwa sechs Wochen erschöpft. Danach muss gedüngt werden. Möglich ist eine Kopfdüngung mit Granulat oder Flüssigdünger. Eine ausgewogene Nährstoffgabe tut Nutzpflanzen generell gut, um aber optimale Früchte zu ernten, braucht man ein kalireiches Präparat. Produkte wie Tomatendünger bekommt man überall, doch auch organische Dünger aus Seetang und Beinwell sind ausgezeichnete Allrounder. Beinwell kann zur Pflanzzeit in die Erde gemischt oder mehrere Wochen lang in einem Eimer Wasser als Jauche angesetzt werden.

Dränagematerial

Guter Wasserabzug ist in Töpfen unverzichtbar – Wasser muss problemlos abfließen können. Geben Sie daher auf den Topfboden reichlich Dränagematerial wie Tonscherben, Steine, Kies oder Styroporstücke. Die Abzugslöcher deckt man so ab, dass sie nicht durch Erde und Pflanzenwurzeln verstopft werden können. Zusätzlich verbessert wird der Ablauf von Wasser, indem man die Gefäße auf Füße, Ziegel oder Holzklötze stellt, was vor allem bei nasser Witterung sinnvoll ist.

Mulch

Mulch ist, vereinfacht gesagt, eine Materialschicht auf der Substratoberfläche und für die Topfkultur sehr hilfreich. Sie verringert die Verdunstung von Feuchtigkeit, kann Unkraut und Schädlinge fernhalten, verhindert eine Verdichtung der Erde und schützt die Wurzeln vor Kälte. Je nach Färbung absorbiert oder reflektiert Mulch Licht und Wärme. Geeignet sind etwa Schiefer, Kiesel, zerstoßene Muschelschalen und Glasperlen. Ideal aber ist Mulch, der gleichzeitig düngt: Kompost, Laubhumus, Brennnessel- oder Beinwellblätter versorgen beim Zersetzen die Pflanzen mit zusätzlichen Nährstoffen.

Kein Zweifel: Nutzpflanzen können einen ausgesprochen hohen Zierwert haben. Diese Paprika stehen der benachbarten Schwarzäugigen Susanne (*Thunbergia alata*) nicht nach.

Saatgut und Pflanzen auswählen und kaufen

Es gibt Hunderte von Sorten, die speziell für die Topfkultur gezüchtet wurden. Beliebt sind vor allem Paprika, Tomaten, Kürbisse, Erbsen und Bohnen, doch gibt es von fast jeder Obst-, Gemüse- und Kräuterart mindestens eine kompakt und buschig wachsende Kübelsorte. Damit haben Sie gute Chancen auf eine erfolgreiche Ernte aus dem Topf. Man muss aber nicht ausschließlich solche zwergigen Züchtungen pflanzen.

Es reicht schon, Sorten auszuwählen, die nicht allzu wüchsig sind. In kühleren Klimazonen besorgt man sich solche, die rasch oder früh reifen. Das ist bei Gemüse wie Tomaten oder Auberginen besonders wichtig, die eine lange Saison brauchen und in unseren kurzen Sommern nicht genug ausreifen. Obstbäume sollten auf schwachwüchsige Unterlagen veredelt worden sein, sonst überleben sie im Kübel nicht.

Sobald Sie sich für eine Sorte entschieden haben, kaufen Sie sich im Fachhandel stets das hochwertigste Saatgut und Pflanzenmaterial, das Sie bekommen können. Wer hier spart, spart am falschen Ende. Biologische Samen und Pflänzchen sind inzwischen überall erhältlich, ebenso fährt man gut mit alten Sorten. Die meisten haben eine lange Geschichte und sind häufig interessanter und auch wohlschmeckender als Massenware. Außerdem werden sie offen bestäubt, sodass man

Misch- und Zwischenkultur

Pflanzen wachsen unterschiedlich schnell. Um den verfügbaren Platz optimal zu nutzen, können Sie davon profitieren, indem Sie schnell reifendes Gemüse dorthin setzen, wo gerade nichts wächst. Bei der Mischkultur werden schnell reifende Arten gemeinsam mit langsamer reifendem Gemüse wie Bohnen, Pastinaken und Zwiebeln gepflanzt und zu unterschiedlichen Zeiten geerntet. Bei der Zwischenkultur nutzt man kurzzeitig leer stehende Flächen zwischen zwei Aussaaten für schnell wachsendes Gemüse.

- Rote Bete
- Möhren
- Mangold
- Garten- und andere Blattsalate
- Rettiche und Radieschen
- Spinat
- Frühlingszwiebeln

Radieschen eignen sich bestens als Zwischenfrucht. Sie sind nur sechs Wochen nach der Aussaat bereits erntereif.

Bei den meisten Nutzpflanzenarten gibt es mindestens eine Sorte, die sich für die Topfkultur eignet. Hier violettes Basilikum, panaschierter Oregano und rot gerandeter Pflücksalat.

zum Saisonende selbst Samen ernten kann, wenn man sich daran versuchen möchte (siehe Seite 31).

Wer einen Obstbaum sucht, geht am besten in eine Gärtnerei, die regionale Sorten führt. An die heimischen Bedingungen angepasste Züchtungen gedeihen und fruchten besser als andere.

Was nicht in Töpfe darf

Leider gibt es auch Gemüse und Obst, das man nur im Freiland ziehen sollte. Mehrjährige Gemüse wie Topinambur und Artischocken sind selbst für den mächtigsten Topf zu groß und gierig. Auch bei Spargel lohnt sich angesichts der jahrelangen Wartezeit bis zur ersten Ernte und des winzigen, wenn auch köstlichen Ertrags keine Topfkultur.

Die meisten Kohlsorten brauchen festen Freilandboden, um stabil zu stehen und einen ordentlichen Kopf zu bilden. Zudem wachsen sie nur langsam. Wer einen Garten hat, zieht die dekorativen Gewächse nach Möglichkeit besser dort.

Wenn Sie Obstbäume kaufen, suchen Sie sich kräftige, gesunde Exemplare. Sie sind eine Investition, die Sie lange begleitet.

Aussäen und Anpflanzen

Wer keinen Platz, keine Zeit oder keine Lust hat, sein Gemüse oder seine Kräuter anzusäen, oder einfach nur den passenden Zeitpunkt verpasst hat, kann Setzlinge kaufen. Die Auswahl ist allerdings geringer als bei Samen. In der Regel bekommt man Jungpflanzen ab dem Frühjahr. Spezialanbieter haben meist mehr Sorten anzubieten als Gartencenter.

Empfindliche Setzlinge wie Tomaten und Zucchini härtet man bei Bedarf noch ab, bevor sie dauerhaft nach draußen kommen. Allerdings setzt man sie erst hinaus, wenn wirklich keine Fröste mehr drohen. Man akklimatisiert die Jungpflanzen einige Tage, indem man sie tagsüber ins Freie stellt und nachts wieder nach drinnen bringt, damit sie sich an die Temperaturschwankungen und anderen Bedingungen im Freiland anpassen können. Endgültig ausgepflanzt werden sie am besten morgens. Neueinkäufe sollten gleich nach dem Eintreffen umgetopft werden, andernfalls wässert man sie gut, bis man dazu kommt.

Umtopfen von Jungpflanzen

1 Pflanze im alten Topf gut wässern.

2 Boden des neuen Topfs mit Dränagematerial bedecken (siehe Seite 15) und so viel Topferde (siehe Seite 14) daraufgeben, dass die Jungpflanze mit Wurzelballen noch gut hineinpasst. Ggf. Sand zur weiteren Verbesserung des Wasserabzugs oder Kompost in die Pflanzerde mischen.

3 Falls mehrere Pflanzen in einem Topf wachsen, ihre Ballen trennen und einzeln einpflanzen. Erde leicht andrücken. Zwischen Topfrand und Erde 2 cm Abstand lassen, um das Wässern zu erleichtern.

4 Mit Kies oder organischer Substanz mulchen und gut wässern. Bei Bedarf Maßnahmen zur Schneckenabwehr ergreifen (siehe Seite 32).

Aussaat direkt in Töpfe im Freiland

Die meisten Pflanzen kann man direkt draußen zum rechten Zeitpunkt aussäen – das kann je nach Art schon im März oder erst im Mai sein, wenn die Tage wärmer werden. Direktaussaat ist oft auch die einfachste, preiswerteste und zeitsparendste Methode der Gemüse- und Kräuterkultur.

1 Erdklumpen zerkleinern.

2 Topferde wässern – das fördert die Keimung und verhindert, dass kleinere Samen weggeschwemmt werden.

Tomaten müssen vor dem Auspflanzen eine Weile drinnen stehen, sowohl selbst angesäte als auch gekaufte Setzlinge.

Die meisten Sämlinge müssen, wie bei diesem Spinat, ausgedünnt werden. Stehen sie zu dicht, bleiben sie kümmerlich und sind anfällig für Krankheiten.

3 Saatrille ziehen oder mit dem Pflanzholz Löcher stechen.

4 Saatgut dünn in die Rille streuen, sehr feines Saatgut vorher eventuell mit Sand vermischen. Größere Samen einzeln in die Löcher geben.

5 Während der Keimung Erde feucht halten.

6 Sämlinge so ausdünnen, dass sie sich nicht gegenseitig erdrücken. Auf den endgültigen Abstand ausdünnen, sobald sie 3 cm hoch sind.

Drinnen aussäen

Manche Nutzpflanzen, etwa Tomaten oder Auberginen, müssen drinnen angesät werden, da sie lange, warme Perioden zum Keimen und Heranwachsen wie auch später zum Blühen und Fruchten brauchen. Auch anderes empfindliches Gemüse, das erst spät nach draußen darf, kann man drinnen vortreiben, etwa Bohnen, Zucchini, Kürbisse und Mais.

Dafür braucht man nicht einmal viel Ausrüstung. Hilfreich ist ein Anzuchtkasten, doch tut es auch eine warme, helle Fensterbank. Als Gefäß eignet sich jeder kleine Topf mit Abzugslöchern, sogar leere Joghurtbecher, aus Zeitungspapier gefaltete Tüten und leere Toilettenpapierrollen bewähren sich. Zudem lohnt sich die Investition in Multitöpfe. Dabei kommt in jedes Modul ein Samenkorn, sodass Ausdünnen überflüssig wird. Multitopfplatten sind ideal für Gewächse, die Wurzelstörungen nicht vertragen, wie z. B. Koriander und Erbsen.

Eine warme, sonnige und helle Fensterbank ist für viele Sämlinge und Jungpflanzen die passende Kinderstube.

1 Töpfe oder Multitöpfe mit Aussaaterde füllen und leicht aufstoßen, damit die Erde sich setzt.

2 Mit einer feinen Brause wässern.

3 Samen dünn auf der Substratoberfläche verteilen oder kleine Löcher in die Erde drücken und je einen Samen hineingeben. Aussaattiefe und Keimbedingungen stehen auf den Samenpäckchen.

4 Topf bzw. Multitopfplatte mit Klarsichtfolie oder einer umgedrehten, durchsichtigen Plastiktüte abdecken.

5 Auf eine warme, helle Fensterbank stellen. Substrat während der Keimung immer feucht halten.

6 Sobald die Samen keimen, Abdeckung entfernen.

7 Wenn die ersten echten Blätter erscheinen, Sämlinge in größere Einzeltöpfe umsetzen. Dabei Pflänzchen an den Blättern und nicht an den Trieben halten. Tomatensämlinge bis zu den ersten echten Blättern einpflanzen.

8 Einige Wochen später erneut in diesmal noch größere Töpfe umpflanzen.

9 Pflänzchen nach dem letzten Frost abhärten und im endgültigen Gefäß ins Freiland bringen.

Einpflanzen von Obstbäumen

Der Topf muss groß genug sein, dass der Baum mindestens zwei Jahre darin stehen kann. Wählen Sie ein Gefäß, das ein paar Größen mehr hat als der Topf, in dem Sie das Gehölz gekauft haben. 40 cm breit ist für den Anfang ausreichend, doch in einigen Jahren wird ein größerer Kübel fällig. Wurzelnackte Bäume brauchen reichlich Raum zum Ausbreiten ihrer Wurzeln.

1 Ballen des Baums vor dem Pflanzen einweichen.

2 Topfboden mit Dränagematerial bedecken (siehe Seite 15). So viel Kübelpflanzensubstrat einfüllen, dass der Wurzelballen daraufgesetzt werden kann und seine Oberseite sich noch 3–4 cm unterhalb des Topfrands befindet. Bei wurzelnackten Exemplaren muss sich die Bodenmarke, die zeigt, wie tief der Baum vorher stand, auf Höhe der Substratoberfläche befinden.

Diesen Pfirsichhochstamm wird man alle paar Jahre in einen größeren Topf umsiedeln müssen, bis er schließlich in einem 60-cm-Topf sesshaft werden kann.

3 Um den Wurzelballen – bzw. bei wurzelnackten Exemplaren um die Wurzeln – Erde einfüllen und etwas festdrücken, bis der Baum gut festsitzt.

4 Muss der Baum gestützt werden, einen kurzen Pfosten zu zwei Dritteln zwischen den Wurzeln in die Erde drücken, Baum mit Baumbinder daran befestigen. Er soll noch leichtes Spiel haben.

5 Gut anwässern und mulchen.

Pflanzen versorgen und schützen

Topfpflanzen brauchen mehr Pflege als Freilandgewächse. Ihnen stehen nur in begrenztem Maß Wasser und Nährstoffe zur Verfügung, die ihnen auch immer wieder zugeführt werden müssen. Geschieht das, sind sie normalerweise zufrieden. Gelegentlich aber brauchen sie auch zusätzliche Pflege: Manche müssen geschnitten oder angebunden, andere vor Schädlingen geschützt und wieder andere an einen geschützten Standort gestellt werden.

Aber ganz gleich, was Ihre Schützlinge von Ihnen einfordern – es lässt sich locker bewältigen. Alles passiert in kleinem Rahmen, das ist ja das Schöne am Topfgärtnern. Geben Sie den Pflanzen, was sie brauchen, dann werden Sie immer wieder die Früchte Ihrer Mühe ernten. Aber Vorsicht: Im Sommer müssen Gefäße jeden Tag, ja, manchmal sogar zweimal täglich in Augenschein genommen

werden. Erledigen kann man das bei einem Morgenbummel durch den Garten oder mit einem Glas in der Hand am Abend.

Halten Sie dabei Ausschau nach welkenden Blättern, kauenden Raupen oder reifenden Früchten, die geerntet werden können. Solche regelmäßigen Einblicke sparen langfristig Zeit und Arbeit.

Wässern

Um es von vornherein klarzustellen: Das wird Ihre Hauptbeschäftigung sein, wenn Sie Pflanzen in Töpfen haben. Glauben Sie nicht, dass der letzte Niederschlag die Arbeit für Sie erledigt hat, vor allem nicht, wenn die Töpfe im Regenschatten vor einer Wand oder einer anderen Begrenzung stehen. Sie erleichtern sich das Leben, wenn Sie Ihre Gefäße in der Nähe eines Wasserhahns aufstellen und in einen ordentlichen Gartenschlauch investieren – das Schleppen von Gießkannen ist auf die Dauer eine alles andere als erfüllende Tätigkeit, egal wie groß Ihr Arsenal an Töpfen ist. Besorgen Sie sich eine Multifunktionsbrause für Ihren Schlauch oder einen Brauseaufsatz für die Gießkanne, damit das Substrat nicht durch einen zu harten Strahl verdichtet wird. Wer größere Topflandschaften plant, sollte in ein Bewässerungssystem investieren.

Düngen

Düngen ist fast so wichtig wie Wässern. Jede Pflanze hat ihre eigenen Ansprüche. Die meisten brauchen während der Saison regelmäßig Nährstoffe. Sobald der im Substrat enthaltene Dünger nach etwa sechs Wochen aufgebraucht ist, müssen Sie für Nachschub sorgen. Am ehesten denkt man daran, wenn man gewohnheitsmäßig immer am selben Wochentag düngt.

In gutem Zustand halten

Gute Pflege erhöht den Ertrag und hält Pflanzen gesund. Kräuter profitieren von regelmäßigem Abernten und dem Abzwicken ihrer Triebspitzen, was sie zum Austrieb von viel jungem, buschigem Wuchs anregt. An Gewächsen mit essbaren Blüten entfernt man welken Flor gleich, damit sie ihre Blühfreude behalten. Manche Pflanzen wie Bohnen, Erbsen, Trauben, Spalierobstsorten brauchen eine Stütze. Die Triebe werden dabei gelegentlich festgebunden und in die optimale Richtung geführt. Obstgehölze brauchen mindestens einmal im Jahr einen Schnitt, damit sie ihre Form behalten, besser fruchten, widerstandsfähiger gegen Krankheiten sind und lange leben.

Wässern ist im Sommer Ihre Hauptaufgabe. Manche Nutzpflanzen, darunter Tomaten, brauchen täglich Flüssigkeit. Gießen Sie sie am besten nur von unten.

Damit Pflanzen gesund und ertragreich bleiben, brauchen sie regelmäßiges Düngen. Sie können handelsübliche Präparate verwenden oder Beinwelljauche ansetzen (siehe Seite 15).

Minze bekommt am besten einen eigenen Topf zugewiesen, denn sie kann Nachbarn überwuchern und bedrängen.

Bestäuben

Ein paar Arten profitieren von etwas Unterstützung beim Bestäuben. Obstbäume wie Pfirsiche oder Pflaumen blühen mitunter, wenn nur wenig tierische Bestäuber unterwegs sind. In diesem Fall überträgt man den Pollen von Blüte zu Blüte,

Oben: Bienen sind im Frühjahr und Sommer als Bestäuber für Blüten wie hier an einer Himbeere höchst willkommen.

Links: Durch Zusammenstellen von Töpfen entsteht ein eigenes Mikroklima. Die Pflanzen spenden sich gegenseitig Schatten, während sich die Luftfeuchtigkeit erhöht.

Wenn der Garten von zu wenig Insekten besucht wird oder sich in einer windigen Lage befindet, fördert man mit einem Pinsel die Bestäubung.

Obstgewächse wie Erdbeeren können mit einem Gitternetz vor Vögeln geschützt werden. Es wird von Bögen getragen und schließt gut ab, damit keine Vögel eingesperrt werden.

indem man mit einem kleinen Pinsel vorsichtig über die Staubfäden und Narbe streicht. Bei dem windbestäubten Mais schüttelt man die oberen Blütenrispen, damit ihr Pollen die weiblichen Blüten darunter bestäubt. Genaueres über mögliche Bestäubungsmethoden finden Sie im Pflanzenverzeichnis ab Seite 40. Hier einige Tipps:

Auberginen – Blüten pinseln (Seite 82),
Paprika und Chilis – Blüten pinseln (Seite 83),
Pflaumen – mit einem Pinsel über die Blüten streichen (siehe Seite 53),
Stangenbohnen – Blüten mit Wasser besprühen (siehe Seite 118),
Erdbeeren – Blüten behutsam pinseln (Seite 70),
Tomaten – Blüten schütteln oder besprühen (siehe Seite 76).

Umtopfen

Mehrjährige Pflanzen sollten alle zwei bis drei Jahre in größere Pflanzgefäße mit frischem

Substrat umgesetzt werden. Anfangs siedelt man sie noch jedesmal in den nächstgrößeren Topf um, aber sobald man bei Gefäßen mit 50 bis 60 cm Durchmesser angelangt ist, holt man sie nur noch heraus, stutzt die Wurzeln etwas und pflanzt sie wieder in den alten, so weit es geht mit frischer Erde gefüllten Topf. In Jahren, in denen nicht umgetopft wird, entfernt man im Frühjahr lediglich die obersten 5 cm Topferde und ersetzt sie durch frisches Substrat.

Optimale Bedingungen

Damit Pflanzen kräftig und gesund bleiben, brauchen sie eine Umgebung, die ihnen behagt. Eine mehrere Zentimeter dicke Mulchschicht hält sie topfit und rüstet sie für den Kampf gegen Schädlinge und Krankheiten. Hilfreich sind außerdem Hindernisse, die Vögel, Insekten, Raupen und Käfer oder hungrige Mäuse davon abhalten, zu den Gewächsen zu gelangen (siehe Seite 32–35).

Industriecontainer lassen sich vorzüglich als Hochbeet nutzen. Dieser hier ist weit und groß genug für ein ganzes Arsenal an Nutzpflanzen.

Oben links: Marienkäfer sind willkommene Besucher und unschätzbare Helfer im Kampf gegen Blattläuse.

Oben rechts: Ein Nistkasten lockt Vögel in den Garten.

Locken Sie mit einer möglichst facettenreichen Pflanzenpalette Nützlinge und Schädlingsfeinde in Ihren Garten. Indem man Töpfe mit unterschiedlichen Obst- und Gemüsepflanzen nebeneinanderstellt oder in größeren Gefäßen mehrere Arten kombiniert, erhöht man die Vielfalt. Kräuter, Blumen und andere Begleitpflanzen neben Obst und Gemüse locken Bestäuber wie Bienen sowie verbündete Insekten wie Marienkäfer, Schwebfliegen und Florfliegen an. Mit Pflanzgefäßen lässt sich Artenreichtum einfacher erreichen als mit Freilandbeeten, wo die Sorten oft in Reihen oder Blöcken angeordnet sind. Sehen Sie Topfgärten als Pflanzengemeinschaft. Vielfalt schafft Ausgewogenheit.

Ein Gewässer, so klein es auch sein mag, ruft Vögel, Insekten und möglicherweise sogar Frösche und Kröten auf den Plan. Ein Vogelbad ist ein guter Anfang, doch mit einem großen glasierten, wassergefüllten Topf, in dem ein paar Wasserpflanzen wachsen, kann man viele Verbündete zum Einsatz gegen Schädlinge gewinnen.

Begleitpflanzen

Manche Pflanzen leisten als Begleiter anderer Gewächse gute Dienste. Sie locken Nützlinge an oder halten Schädlinge fern, indem sie den Geruch benachbarter Nutzpflanzen kaschieren oder sich sogar für sie opfern.

Wichtige Begleitpflanzen

Basilikum hat Blätter, die Insekten fernhalten. Sie sollen Tomaten vor Blattläusen schützen.

Studentenblumen (*Tagetes*) lenken Blattläuse von Bohnen und Weiße Fliegen von Tomaten ab.

Knoblauch, Schnittlauch schützt mit seinem strengen Geruch Möhren vor der Möhrenfliege und Himbeeren vor Blattläusen.

Lavendel zieht Bestäuber an. Sein Duft soll Schädlinge verwirren.

Kapuzinerkresse hält Blattläuse von Bohnen fern und lockt zugleich Nützlinge an.

Koriander vertreibt mit seinem Duft Blattläuse und Möhrenfliegen, heißt es.

Borretsch ist ein Bestäubermagnet, eine regelrechte Bienenweide.

Schutz vor der Witterung

Leiden Pflanzen in Töpfen unter einer Hitzewelle, gruppiert man sie im Schatten. Auch für Kälte sind sie wesentlich anfälliger als Freilandgewächse. Falls strenger Frost angekündigt ist, wickelt man die Gefäße in Luftpolsterfolie oder Jutesäcke, die man mit Stroh ausstopft. Schon eine Mulchschicht hat isolierende Wirkung. Kleine Töpfe kann man sogar im Erdreich versenken, sofern man genug Platz hat. Nicht winterharte Arten müssen an einen geschützten Platz gebracht, eng zusammengestellt und einzeln eingewickelt werden. Bei sehr viel Niederschlag stellt man Töpfe unter Glas und nimmt ihnen die Untersetzer, damit sich keine Staunässe bildet. Stellt man sie auf Füße oder Holzblöcke, kann das Wasser noch besser ablaufen.

Wer zwischen Nutzpflanzen ein paar blühende Gewächse setzt, lädt Nützlinge zum Naschen und Verweilen ein.

Stressfrei wässern

Das Wässern gehört zu den anspruchsvollsten Aspekten der Topfkultur. In Gefäßen steht Pflanzen nur eine begrenzte Menge Substrat zur Verfügung. Wie Sie wässern, beeinflusst also direkt die Qualität und den Ertrag. Behalten Sie Ihre Töpfe gut im Auge, besonders an heißen Sommertagen und während des Fruchtansatzes – in dieser Zeit müssen sie täglich gegossen werden. Da ist es besonders wichtig, Wasser optimal einzusetzen, um weder Zeit noch wertvolle Rohstoffe zu vergeuden.

Hier einige Tricks, wie man Wasser sparen kann:
Erstens: Verwenden Sie so große Töpfe wie möglich – ideal sind mindestens 30–40 cm Breite und Höhe. Kunststoffgefäße halten Wasser wesentlich besser als poröse Tontöpfe. Letztere kann man allerdings mit Plastik ausschlagen, um die Verdunstung zu verringern.
Zweitens: Verwenden Sie für längerlebige Pflanzen (z. B. Obstgehölze) und durstige Gewächse (wie Tomaten) Kübelpflanzen- bzw. Tomatenerde (am besten torffrei).
Drittens: Arbeiten Sie vor dem Bepflanzen Wasser speicherndes Granulat in die Topferde ein. Sie können damit die Zeit bis zum nächsten Gießen deutlich verlängern.
Viertens: Mulchen Sie das Gefäß nach dem Bepflanzen. Eine mehrere Zentimeter dicke Schicht Steine, Kiesel oder organische Substanz verringert die Verdunstung von Feuchtigkeit in der oberen Substratschicht stark und verhindert damit auch viele der durch Wassermangel verursachten Probleme.

Bei der Auswahl der Pflanzen für Ihren Küchengarten sollten Sie bedenken, dass manche Gewächse mehr Wasser brauchen als andere. Laubreiches Gemüse wie Gartensalat und Fruchtgemüse wie Tomaten und Zucchini haben viel Durst, während Zwiebeln, Knoblauch und Schalotten wesentlich genügsamer sind.

Sammeln Sie so viel vom Haus, der Garage oder dem Schuppen ablaufendes Regenwasser wie möglich. Sinnvoll ist auch die Installation eines Tropf-

Tipps für optimales Wässern

- Prüfen Sie in der Wachstumssaison täglich, wie feucht der Ballen jedes Topfs ist.

- Wässern Sie nicht zu stark. Das Substrat sollte feucht, aber nicht tropfnass sein. Wichtig ist außerdem gleichmäßige Feuchtigkeit – die Pflanzen einweichen und anschließend völlig austrocknen lassen ist nicht ratsam.

- Stellen Sie Töpfe zusammen, damit sie sich gegenseitig Schatten spenden.

- Wässern Sie abends oder frühmorgens, damit das Wasser zu den Pflanzenwurzeln durchsickert, bevor es in der Tageshitze verdunstet. Spätes Wässern kann allerdings Schnecken anlocken, besonders bei gefährdeten Pflanzen wie Sämlingen.

- Entfernen Sie Unkraut sofort.

- Bei sehr durstigen, tief wurzelnden Pflanzen wie Tomaten versenkt man einen Topf oder eine umgedrehte Plastikflasche mit abgeschnittenem Boden im Topfballen und füllt sie mit Wasser.

bewässerungssystems, vor allem wenn viele Töpfe zu versorgen sind. Es leitet Wasser dorthin, wo es gebraucht wird, und durchfeuchtet den Boden so, dass nichts verschwendet wird. Tropfbewässerung spart überdies Zeit, denn Sie müssen nicht mehr Schläuche und Gießkannen herumschleppen.

Tropfbewässerungssysteme sind sinnvoll, wenn man viele Töpfe hat, Zeit sparen möchte oder nicht ständig an das Gießen denken will.

Sammeln Sie nach Möglichkeit Regenwasser in Ihrem Garten. Wenn ein paar Regentonnen in der Nähe der Töpfe stehen, müssen Sie Gießkannen nicht weit schleppen.

Durch das Wässern mit einer Gießkanne ohne Brauseaufsatz gelangt das Wasser rasch zu den Wurzeln.

Der Morgen ist die ideale Zeit zum Wässern. Die Sonne bringt das Wasser noch nicht zum Verdunsten, sondern die Pflanzen profitieren davon.

Ernte und Lagerung

Der Erntezeitpunkt lässt sich nicht exakt planen. Wie viel Zeit von der Aussaat bis zur Ernte verstreicht, hängt von der Sorte, von Witterungsverlauf und Standort ab. Das meiste Obst und Gemüse sollte nicht überreif werden – zum Teil auch deshalb, weil die Pflanzen sonst keine weiteren Früchte mehr ansetzen. Einige Möhrensorten und die meisten Zitrusfrüchte aber kann man ausgereift etwas im Boden bzw. am Baum lassen, bis man sie braucht.

Nichts schmeckt besser als Frisches aus dem eigenen Garten. Falls einzelne Sorten einmal komplett abgeerntet werden müssen und mehr liefern, als sie verwerten können, gibt es bestimmt Nachbarn oder Freunde, die sich über das mühsam Herangezogene freuen. Obst, Gemüse und Kräuter halten sich meistens einige Tage im Kühlschrank.

Ansonsten kann fast alles entweder eingelagert, getrocknet, eingefroren oder eingelegt werden. Genaue Infos über das Ernten und Haltbarmachen gibt es in den einzelnen Pflanzenbeschreibungen auf den Seiten 40 bis 169. Mit etwas Planung kann man Köstliches aus seinem Topfgarten jeden Monat im Jahr genießen.

Lässt man Tomaten nach dem Ausreifen noch zu lange an der Pflanze, werden sie mehlig: also besser bald genießen.

Heidelbeeren reifen an ein und derselben Pflanze unterschiedlich schnell. Deshalb sind mehrere Erntedurchgänge nötig.

Samen sammeln und lagern

Saatgut kostet manchmal nicht wenig, und insgesamt kommt einiges zusammen. Deshalb kann es sich über das Jahr verteilt lohnen, seine eigenen Samen zu sammeln und aufzubewahren. Über den simplen Spareffekt hinaus macht vor allem das Vollenden des Lebenszyklus von Pflanzen von der Ernte über die Aussaat und wieder zur Ernte Freude. Außerdem lassen sich Samen mit Freunden oder der Familie tauschen. Mitunter organisieren Schrebergartenvereinigungen oder örtliche Gartenbauvereine sogar Samentauschbörsen.

Manche selbst gesammelten Samen liefern jedoch andere Ergebnisse als erwartet. Samen von F1-Hybriden etwa unterscheiden sich von der Ursprungspflanze, sodass man nicht genau weiß, was dabei herausspringt – falls es überhaupt etwas zu ernten gibt. Wesentlich verlässlicher ist Saatgut von alten, samenfesten Sorten. Grundsätzlich einfach ist das Selbstsammeln etwa bei Bohnen, Erbsen, Kürbissen, Tomaten, Koriander, Fenchel und Gartensalaten.

- ■ Sammeln Sie Samen an trockenen Tagen – und nur von gesunden Pflanzen.
- ■ Schneiden Sie den gesamten Samenstand ab und geben Sie ihn in eine Papiertüte.
- ■ Trocknen Sie ihn an einem luftigen Ort, bevor Sie die Samen abklopfen.
- ■ Entfernen Sie etwaige Spelzen und lagern Sie die Körnchen an einem kühlen, trockenen Platz in einem luftdicht schließenden Gefäß.
- ■ Beschriften Sie die Päckchen mit dem Namen der Sorte und dem Datum.
- ■ Samen fleischiger Früchte wie Tomaten müssen völlig vom Fruchtfleisch befreit und vor dem Einlagern getrocknet werden.

Schneiden Sie von Koriander die ganzen Samenstände ab. Sie werden in Papierbeuteln getrocknet und schließlich abgestreift.

Bei Bohnen lässt man einige Hülsen an der Pflanze. Sie werden als Samenlieferanten vor dem ersten Frost abgezupft.

Häufige Probleme

Bei der Topfkultur gilt es einige Besonderheiten zu beachten: Man baut Pflanzen auf begrenztem Raum an und muss sich stärker als im Freiland um das Wässern und Düngen kümmern. Wer das gut hinbekommt, wird jedoch mit kräftigen, gesunden, widerstandsfähigen Pflanzen belohnt, die selbst mit Schädlingen und Krankheiten fertigwerden.

Geben Sie Ihren Nutzpflanzen immer genügend Platz: Es hat keinen Sinn, zu viele Gewächse in einem Gefäß zusammenzupferchen. Gutes Wässern muss zwar sein, doch zu viel Wasser ist manchmal schlechter als zu wenig. Düngen Sie während der Wachstumssaison je nach Kultur einmal wöchentlich oder seltener. Eine Mulchschicht hält Kulturen kräftig und gesund.

Sobald Ihnen diese grundlegende Pflegeroutine in Fleisch und Blut übergegangen ist, können Sie weitere Maßnahmen zum Schutz Ihrer Kulturen treffen. Netze und Vliese als stabile Hindernisse für Schädlinge sind unschätzbar wertvoll. Viel bringt auch das Ablesen von unerwünschten Mitessern wie Blattläusen, Raupen und Schnecken. Legen Sie Maschendraht oder Pflanzen mit stacheligen Blättern über Neuaussaaten und frisch ausgetriebene Sämlinge, um Eichhörnchen und Mäuse fernzuhalten. Es gibt zwar Pflanzenschutzmittel für Hobbygärtner, doch können sie sich nachteilig auf das Ökosystem im Garten auswirken, weshalb man sie nie während der Blüte anwenden sollte. Beachten Sie stets die auf den Verpackungen angegebenen Empfehlungen, vor allem was den Zeitraum zwischen Anwendung und Ernte betrifft.

Ein Garten völlig frei von Schädlingen und Krankheiten ist eine Illusion – sie sind ein unvermeidlicher, ja, sogar notwendiger Teil der Natur. Zum Glück sind die Hauptschuldigen für Ernteausfälle oft unschwer zu entdecken. Es reicht daher meist, auf der Hut zu bleiben, sie früh zu erkennen und so weit wie möglich zu dezimieren, um die Schäden bei den Pflanzen auf ein Minimum zu begrenzen.

Schnecken sind definitiv die schlimmsten Plagegeister. Die beste Form der Abwehr besteht darin, sie möglichst stark zu dezimieren. Nehmen

Schnecken können Sämlinge und Jungpflanzen kahlfressen. Schützen Sie Ihre Kulturen angemessen vor ihnen.

Rechts: Schnecken hält man fern, indem man um gefährdete Sämlinge und andere Pflanzen herum einen Ring aus einer dicken Lage von grobem Sand oder Kies zieht.

Schneckenbekämpfung

- **Kupferbänder** versetzen Schnecken einen elektrischen Schlag. Man klebt sie um die Topfränder. Auch das Einschmieren der Ränder mit Vaseline hilft.
- **Bierfallen** Versenken Sie ein altes Marmeladeglas im Boden und füllen es mit Bier. Regelmäßig entleeren ist wichtig!
- **Nematoden** sind natürliche Schneckenparasiten. Man bringt sie bei über 5 °C mit dem Gießwasser aus.
- **Grober Sand, Kies, Eierschalen und Muschelsplitter** werden als Mulch auf das Substrat oder zwischen Sämlinge gestreut.
- **Zitrusfruchtschalen** wie z. B. von Orangen und Grapefruit werden um die Pflanzen auf dem Substrat drapiert. Am Morgen überprüft man sie und sammelt die Schnecken von ihnen auf.

Echter Mehltau führt zu weißem Pilzbelag, der bei trockener Witterung auf der Ober- und Unterseite von Blättern erscheint. Bei mangelnder Luftzirkulation besteht erhöhte Infektionsgefahr. Bepflanzen Sie die Fläche daher nicht zu dicht. Durch Mulchen und angemessenes Wässern vermeidet man Stress für die Pflanzen. Im Handel gibt es widerstandsfähige Sorten zu kaufen.

Blattläuse mögen weichen, frischen Wuchs. Sie sind daher vor allem im Frühjahr ein Problem, wenngleich man sie bis in den Spätsommer antrifft. Sie bringen Pflanzen nicht zum Absterben, schwächen sie aber und können Viren sowie andere Krankheiten übertragen. Locken Sie ihre natürlichen Feinde – Marienkäfer, Schwebfliegen und Florfliegen – in den Garten. Man kann Blattläuse von Hand abstreifen oder mit einer (insektentötenden) Seifenlösung wegwaschen.

sie überhand, kann eine Sammelaktion in der Dämmerung Wunder wirken. Streuen Sie Schneckenkorn mit Eisenphosphat – andere Wirkstoffe sind giftig für Kinder sowie Haus- und Wildtiere. Weitere Bekämpfungsmethoden enthält die Liste oben. Eine Kombination verschiedener Methoden zur Schneckenabwehr ist sinnvoll.

Schnecken müssen sofort entfernt werden. Die Weinbergschnecke gehört allerdings zu den geschützten Arten.

Nützlinge wie Marienkäfer, Schwebfliegen und Florfliegen dezimieren Blattlauspopulationen im Garten.

Kraut- und Braun- bzw. Knollenfäule ist die Krankheit, welche die meisten Gemüsegärtner fürchten. Die Pilzinfektion wird über die Luft übertragen und kommt am häufigsten in feuchtwarmen Sommern vor. Sie befällt Tomaten und Kartoffeln und kann eine ganze Ernte vernichten. Man sollte auf schokoladenbraune Flecken auf Blättern und Trieben achten, die sich irgendwann auf die Früchte bzw. Knollen ausbreiten. Die ganze Pflanze wird schließlich schwarz und schleimig. Infizierte Blätter entfernt man sofort, auch wenn es meist nicht mehr viel hilft. Schneiden Sie bei Kartoffeln dann die Triebe bis zum Boden zurück, Sie können die Knollen noch ernten. Man wartet damit etwa zwei Wochen, damit die Schale dicker werden kann. Sobald man an Tomaten erste Fäulnisflecken erkennt, erntet man sofort sämtliche Früchte, reife wie unreife. Ist die Pflanze selbst infiziert, darf sie nicht kompostiert werden, sondern gehört in einem Beutel in den Hausmüll. Es gibt widerstandsfähige Sorten wie 'Sarpo Mira' bei Kartoffeln und 'Ferline' sowie 'Legend' bei Tomaten.

Raupen des Kohlweißlings setzen sich an allen Kreuzblütlern fest, neben Kohl also auch an Rettichen. Man schützt seine Kulturen am besten mit Netzen oder sucht sie nach Eiern ab, sobald man den Schmetterling erspäht. Ein Befall ist vom späten Frühjahr bis zum Herbst möglich.

Käfer können ebenfalls zum Problem werden. Der gestreifte Rosmarinkäfer macht sich über verschiedene Lippenblütler her und verschont auch Lavendel, Thymian und Salbei nicht. Die erwachsenen Tiere tauchen im Spätsommer auf, die grauen Larven fressen im Herbst an den Pflanzen. Man schüttelt sie auf Zeitungspapier oder sammelt sie von Hand ab.

Erdflöhe befallen alle jungen Kohlgewächse einschließlich Rettichen, asiatischem Kohlgemüse und Kopfkohl, außerdem Rucola. Sie fressen Löcher in die Blätter, insbesondere bei warmer Witterung. Man kann einen Befall verhindern, indem man das Gemüse in hohe Töpfe pflanzt

Ab Ende Juni und vor allem nach Regenfällen achtet man auf erste Anzeichen von Fäule.

Die Raupen des Kohlweißlings können eine ganze Ernte vernichten. Spannen Sie ein Netz über die Kulturen, damit die Schmetterlinge keine Eier darauf ablegen können.

oder mit Netzen schützt. Auch Pflanzen gut feucht halten beugt vor. Haben die Flöhe sich bereits festgesetzt, bestreicht man ein Stück Karton mit Sirup oder einer anderen klebrigen Substanz und wedelt damit über dem Laub. Die Flöhe springen hoch und bleiben daran kleben.

Sogar erfahrene Gemüsegärtner staunen oft darüber, wie viel sich aus einem einzigen Quadratmeter herausholen lässt, wenn man einige einfache Prinzipien umsetzt.

Der Quadratmetergarten

Platz ist beim Anbau von Gemüse zweitrangig. Selbst auf einem einzigen Quadratmeter kann man ertragreich wirtschaften. Durch intensive, sorgfältig geplante Nutzung des Beetes erzielt man mit minimalem Aufwand verblüffend hohe Erträge.

Das Quadratgärtnern hat seinen Ursprung im amerikanischen Square Foot Gardening. Dahinter steckt die Idee, winzige Flächen wie z.B. Hochbeete und große Pflanzgefäße intensiv zu bestellen. Dabei muss es sich nicht genau um einen Quadratmeter, ja, nicht einmal um eine exakt quadratische Fläche handeln. Durch dichtere Aussaat als üblich und sofortiges Ausbringen von Nachfolgekulturen kann man maximalen Ertrag bei einem Minimum an Zeit und Platz erreichen.

Die dichte Bepflanzung wirkt wie Mulch, macht es Unkräutern schwerer, sich festzusetzen, und verringert die Verdunstung von Wasser. Das Pflegen des Stückchens Land geht schnell von der Hand und ist einfacher als die Bewirtschaftung großer Beete.

Anbauen lässt sich praktisch alles, doch kann man es zum Einstieg mit einer einfachen Mischkultur aus Blattgemüse (z.B. Pak Choi, Gartensalat und Spinat), Rote Bete, Möhren, Frühlingszwiebeln und Radieschen mit Zucchini, Bohnen und einer Tomatenpflanze probieren.

Man braucht dafür nur eben jenen Quadratmeter Erde und außen herum etwas Platz, um bequem säen, jäten, wässern und ernten zu können, ohne auf das Erdreich treten zu müssen.

Das Hochbeet sollte einen sonnigen Standort mit möglichst viel Licht bekommen. Man füllt es mit hochwertiger Erde und mischt reichlich Gartenkompost oder eine andere gut verrottete organische Substanz dazu. Mit hinein kann auch Langzeitdünger. Nach der Vorbereitung wird nicht mehr umgegraben, damit die Bodenstruktur erhalten bleibt und nicht zu viel Arbeit anfällt.

Abstände und Aussaat

Ausgesät wird nach Möglichkeit durch Einzelkornaussaat. Die Samen bekommen dabei von vornherein den korrekten Pflanzabstand und später muss nicht mehr ausgedünnt werden. Block- statt Reihenaussaat ermöglicht in der Regel eine dichtere Bepflanzung. Bei der Verwendung von Zwergsorten kann man sogar noch enger pflanzen, was den Ertrag zusätzlich steigert, obwohl die einzelnen Früchte kleiner ausfallen. Die Zahl der Pflanzen pro Teilquadrat hängt von der Art ab – manches Gemüse nimmt vielleicht sogar mehr als ein Teilquadrat in Anspruch. Auf ein Teilquadrat passen hier beispielsweise 16 Rote Bete oder Möhren, sechs Spinatpflanzen oder zwei Bohnenpflanzen, aber nur eine einzige Zucchini. Letztere kann sich mit der Zeit über mehr als ein Teilquadrat ausbreiten, in der Zwischenzeit aber lässt sich der freie Platz für Sprinter wie Radieschen und Pflücksalate nutzen.

Mit der Aussaat wird im Frühjahr begonnen. In jedes Teilquadrat kommen zunächst frühe, rasch reifende Sorten. Gleich nach deren Ernte kann man eine zweite Charge ausbringen, etwa kälteempfindlichere Pflanzen wie Zucchini. Optimieren Sie die Platznutzung mit vertikalen Kulturen, etwa von Bohnen, Erbsen, Tomaten, Kürbissen,

CHECKLISTE

- ■ Das Quadratgärtnern eignet sich für fast alle Gemüsesorten. Man sollte allerdings berücksichtigen, dass manche – Zwiebeln beispielsweise – ihren Platz lange Zeit in Anspruch nehmen, während andere, wie Kohlgewächse, ziemlich groß werden.

- ■ Buschige Gemüse wie Paprika und einige Zucchini-Sorten setzt man in die Ecken, damit sie nicht zu viel Raum einnehmen.

- ■ Ein Hochbeet muss zwar regelmäßig in Augenschein genommen werden, doch Arbeit macht es nur wenig. Wenn man immer nur ein Teilquadrat auf einmal bearbeitet, ist die Arbeit in Minuten erledigt. Durch die intensive Kultur entsteht ein Mikroklima, in dem Feuchtigkeit gespeichert und Unkraut unterdrückt wird.

- ■ Arbeiten Sie nach jeder Ernte Gartenkompost und bei Bedarf Dünger ein, sodass der Boden kontinuierlich verbessert wird.

- ■ Es fällt nicht schwer, die Anbausaison zu verlängern. Im zeitigen Frühjahr kann man vor der Saat mit schwarzer Folie das ganze Beet oder Teilbereiche mit Abdeckungen erwärmen. Spätes Gemüse lässt sich mit Vlies vor der Kälte schützen.

Gurken oder manchen Zucchinisorten. Allerdings gehört alles, was senkrechten Raum einnimmt, an die Nordseite des Beets, damit es keinen Schatten auf die übrigen Pflanzen wirft. Falls Platz ist, arbeitet man mit Begleitpflanzen (siehe Seite 27).

Optimale Nutzung

Nach dem Ernten einer Gemüsesorte räumt man den Platz frei, arbeitet Kompost oder andere gut verrottete organische Substanz ein, streut bei Bedarf Langzeitdünger und sät neu an. So bleibt nie eine Lücke im Beet. Zudem verbessert man auf diese Weise das Substrat immer wieder.

Ansaat eines Quadratmetergartens

Sie brauchen:
- ein Hochbeet, 1 × 1 m,
- Gartenerde oder Hochbeeterde ■ Gartenkompost ■ Maßband ■ Hammer und Nägel
- Gartenschnur ■ verschiedene Gemüsesamen (siehe Seite 36 und 37) ■ Bambusruten ■ Stabtomate

1 Hochbeet mit einer Mischung aus 2 Teilen Gartenerde und 1 Teil reifen Gartenkompost (aus dem Komposter) füllen. Mit dem Maßband das Hochbeet in ein Gitter aus gleich großen Quadraten unterteilen (hier 16 Teilquadrate à 25 × 25 cm). Am Rand alle 25 cm Nägel einschlagen.

2 Zwischen die jeweils gegenüberliegenden Nägel eine Schnur spannen und an den Nägeln befestigen. Beet mit einem Schlauch oder einer Gießkanne wässern und so für die Aussaat vorbereiten.

6 Pflanzen ernten, sobald sie reif sind. Wenn ein Teilquadrat abgeräumt ist, einige Handschaufeln voll Gartenkompost oder etwas Langzeitdünger einarbeiten und frisch ansäen. Diese Radieschen hier waren reif, bevor die Zucchini mehr Platz in Anspruch nahm.

7 Sobald die Frostgefahr vorüber ist, alle anderen kälteempfindlichen Pflanzen ansäen. Für eine Zucchini vier Teilquadrate reservieren. Samen in die Ecke säen, damit die Pflanze möglichst viel Platz zur Ausbreitung hat. Diese Zwergsorte passte hier besonders gut hinein.

8 Einen Rahmen aus Bambusstäben für die Bohnen bilden. Bohnensamen entlang der drei Teilquadrate am hinteren Ende des Hochbeets in einer Reihe säen. Das vierte Teilquadrat für die Stabtomate reservieren.

3 Vor der Aussaat der ersten Sorten die passende Anzahl Samen ermitteln: In ein Teilquadrat kommen je nach Gemüse 1, 4, 6, 9 oder 16 Samenkörner. Samen gleichmäßig innerhalb des Teilquadrats verteilen.

4 Aussaat gut angießen. Eine Gießkanne mit feiner Brause eignet sich am besten, weil man so genau jeweils ein Teilquadrat wässern kann.

5 Sind Schnecken ein Problem (siehe Seite 32), Maßnahmen ergreifen, um sie fernzuhalten, etwa mit einem Kupferband um den Rand des Hochbeets. Schnecken kriechen nicht über das Metall, da es unangenehm für sie ist. Pflanzen regelmäßig wässern.

9 Stabtomate an den dafür vorgesehenen Platz pflanzen und an eine Stütze binden. Trieb mit zunehmendem Wachstum im Lauf des Sommers immer wieder anbinden und gleichzeitig Seitentriebe abzwicken.

10 In die Ecken um die Tomate ggf. Begleitpflanzen setzen. Sie locken Bestäuber für die blühenden Sorten und Marienkäfer an, die sich von Schädlingen wie Blattläusen ernähren.

11 Gemüse weiter ernten, sobald es reif ist. Je nach Sorte kann man die Erde erst auffrischen oder nur neu besäen, um das Hochbeet bis zum ersten Frost nutzen zu können.

Obst

Äpfel

Wer seine eigenen süßen Äpfel kultivieren möchte, braucht keine Obstwiese mehr: Seit es schwachwüchsige Unterlagen gibt, reicht auch ein großer Topf. Da Hunderte von Sorten erhältlich sind, sollte man sich als Erstes überlegen, ob man eher Tafel- oder Kochäpfel haben möchte. Ist genug Platz vorhanden, kann man beide ziehen, muss dann allerdings Sorten wählen, die zur selben Zeit blühen und sich gegenseitig bestäuben. Wer nur einen Baum kultivieren möchte, achtet auf Befruchtersorten in der Nachbarschaft oder wählt einen Familienbaum, auf dessen Stamm mehrere Sorten veredelt wurden.

Gefäß
Gefäß mit 45–50 cm Durchmesser; Kübelpflanzenerde. Gut eignen sich Halbfässer.

Kultur
1 Ideal ist eine speziell für die Topfkultur gezüchtete Sorte auf einer Unterlage M26 oder M9 (siehe Seite 44).

2 Wurzelnackte Exemplare pflanzt man während der Ruhephase von Herbst bis Spätwinter, Ballenware das ganze Jahr. Bäume gut anwässern und an einen warmen, geschützten Platz stellen.

3 Arbeiten Sie ein Mykorrhiza-Pilzpräparat wie Rootgrow® oder einen Dünger wie Hornmehl oder -späne in das Substrat ein. Der eingepflanzte Baum braucht eine Stütze (siehe Seite 44–45). Anschließend wird gemulcht.

4 Wässern Sie gut und regelmäßig, vor allem

Wo Platz knapp ist, kann man einen Säulenapfel mit nur einem Stamm kultivieren.

bei längerer Trockenheit und während der Fruchtentwicklung.

5 Im April und Juni versorgt man die Pflanze jeweils mit einem Obstdünger.

6 Im Winter mulchen Sie den Baum mit gut verrottetem organischem Material.

Probleme
Apfelbäume können vom Apfelwickler befallen werden. Gelegentlich fangen sie sich Pilzkrankheiten wie Apfelschorf ein, der allerdings nur die Schale verunstaltet und weggeschnitten werden kann. Pflanzen Sie möglichst resistente Sorten. Im Sommer kann Monilia-Fruchtfäule auftreten – befallene Früchte müssen entfernt werden. Unregelmäßige Wasserzufuhr bewirkt mitunter Stippigkeit, die die Früchte aber zum Glück nicht völlig ruiniert: Die braunen Stellen kann man ausschneiden.

Je nach örtlichem Klima wählt man früh oder spät blühende Sorten, um ein Erfrieren der Blüten zu vermeiden.

Ernte und Lagerung

Fallobst ist ein Anzeichen dafür, dass die Ernte ansteht. Man nimmt dazu jeden Apfel in die Hand und dreht ihn vom Zweig. Wann Äpfel reif sind, hängt von der Sorte ab. Stellt man seine »Apfelplantage« mit Köpfchen zusammen, kann man über lange Zeit hinweg ernten. Frühe Sorten sind im Hochsommer reif und müssen bald verzehrt werden, Lagersorten erntet man im Herbst. Auf dem Lager sollen sich Äpfel nicht berühren.

Sorten Kochäpfel: 'Arbat', 'Rondo'; Tafelsorten: 'Braeburn', 'Red River'®.

Expertentipps

- Pflanzen Sie Bäume mit Wurzelballen so tief wie zuvor. Bei wurzelnackten Exemplaren achtet man auf die Bodenmarke (Seite 45).

- Umgetopft wird jedes zweite Jahr im Frühjahr. Dabei beschneidet man dicke Wurzeln. Ist der Baum im endgültigen Topf, erneuert man nur noch das Substrat jährlich und stutzt die Wurzeln jedes zweite Jahr etwas.

- Wer nicht gerade einen Familienbaum mit mehreren darauf veredelten Sorten hat, braucht mehrere Apfelgehölze. Bäume sind entsprechend der Blütezeit nach Gruppen geordnet – wählen Sie Sorten aus derselben Gruppe.

- Wie geschnitten wird, hängt davon ab, wo der Baum Früchte ansetzt – ob an den Zweigspitzen oder an Kurztrieben. Ideal für Gefäße sind Säulenäpfel, auch Ballerinas genannt, die nur einen Stamm mit Kurztrieben haben und kaum geschnitten werden müssen. Am einfachsten ist es, einen schon geschnittenen Baum zu kaufen. Der Haupttrieb kann ggf. im Frühjahr eingekürzt und die Seitenzweige auf drei Blätter zurückgeschnitten werden. Im Winter wird bei Bedarf ausgelichtet.

Frühäpfel können frisch vom Baum gegessen werden. Spätere Sorten schmecken besser, wenn sie eine Zeit lang gelagert werden.

Apfelernte

Apfelbäume sind die beliebtesten Obstgehölze. Wenn sie die passende Unterlage haben, gedeihen sie in Töpfen problemlos. Ein Säulenapfel voll reifer, erfrischender Früchte sieht wunderschön aus und nimmt wenig Platz ein, ist also ideal für kleine Hinterhöfe oder Gärten. Wählen Sie eine gegen Krankheiten resistente Sorte und möglichst eine, die es nicht überall gibt. Oder noch besser: Kaufen Sie eine, die in Ihrer Gegend Tradition hat.

Bei der Auswahl von Obstbäumen ist die Unterlage generell wichtig, in Töpfen sogar entscheidend. Benötigt wird etwa M26 oder M9. Zu schwachwüchsige Unterlagen eignen sich nicht: Sie sind zwar klein, doch setzt sie die Topfkultur unter starken Stress. Nach der Unterlage muss die Apfelsorte gewählt werden (siehe Seite 43). Auch sogenannte selbstfruchtbare Sorten tragen besser neben einer zweiten, passenden Sorte.

Wurzelnackte Bäume und solche in Töpfen werden zu verschiedenen Jahreszeiten gepflanzt (siehe Seite 42). Weisen Sie Ihrem Baum einen sonnigen, geschützten Platz zu, damit die Früchte optimal wachsen und reifen.

Erforderlich ist auch eine gute Stütze. Sie verhindert, dass der Baum vom Wind gelockert wird, und trägt dazu bei, dass sich die Wurzeln verankern. Der Pfahl sollte ein Drittel der Baumhöhe haben, sodass der Stamm noch etwas vom Wind bewegt wird und sich langsam verdickt. Schlagen Sie den Pfahl auf der windzugewandten Seite ein, damit der Baum vom Pfahl weggeblasen wird. Er sollte gut festsitzen, sonst kann er das Gehölz nicht halten. Das Baumband wird regelmäßig überprüft, damit es den Stamm nicht einschnürt.

Wässern Sie Ihren Baum bei Trockenheit und während des Fruchtansatzes gut. Eine Mulchschicht verhindert die Verdunstung von Feuchtigkeit im Ballen ebenso wie eine Gabe von Kompost oder gut verrottetem Stallmist im Frühjahr. Regelmäßiges Düngen ist ebenfalls wichtig.

Ein Apfelbaum ist eine Investition in die Zukunft. Es dauert zwar vielleicht eine Weile, bis der Baum richtig gut trägt, doch das Warten lohnt sich.

Einen Apfelbaum pflanzen

Sie brauchen:

- wurzelnackten Baum
- mindestens 40 cm breiten und tiefen Tontopf
- Gartenkies o. a. Dränage
- Kübelpflanzenerde
- Gartenkompost
- Stütze und Baumband

1 Bäumchen gleich nach dem Eintreffen auspacken. In einen Eimer Wasser stellen, damit die Wurzeln nicht austrocknen. Vor dem Eintopfen die Veredelungsstelle suchen, also den verdickten Teil, an dem die Sorte auf die Unterlage aufgepfropft wurde. Sie muss sich nach dem Pflanzen ein Stück über der Substratoberfläche befinden.

2 Den Boden des Topfs mit Dränagematerial bedecken und Topf zur Hälfte mit Substrat-Kompost-Gemisch füllen und Baum daraufstellen. Die Stütze vor dem Befüllen mit Erde vorsichtig zwischen die Wurzeln schieben. Nach und nach Erde einfüllen und andrücken, sodass der Baum fest steht und die Veredelungsstelle noch sichtbar ist.

3 Baum an der Stütze befestigen. Einen Abstandhalter zwischen Stamm und Stütze anbringen, damit sie nicht aneinander reiben.

4 Baum gut angießen, dann mit verrottetem Dung oder Komposterde mulchen. Mulch nachfüllen, falls er sich nach dem Wässern gesenkt hat. Regelmäßig wässern.

5 Wärme im Frühjahr bringt den Baum zum Blühen. Drohen plötzliche Fröste, Blüten und junge Früchte mit Vlies schützen, um dennoch gute Erträge ernten zu können.

Birnen

Birnen sind hinsichtlich Standort und Spätfrost empfindlicher, doch der Geschmack selbst gezogener Früchte ist Welten von dem der Supermarktware entfernt. Wer wenig Platz hat, kann es mit einem Familienbaum probieren, auf den zwei oder mehr Sorten veredelt wurden. Oder er pflanzt eine selbstfruchtbare Züchtung, die allerdings mit einem kompatiblen Baum in der Nähe ebenfalls besser fruchtet. Für die Topfkultur sollte man als Unterlage die schwachwüchsige 'Quitte C' wählen.

Gefäß
Ein 45–50 cm breites Gefäß mit Kübelpflanzenerde.

Kultur
1 Das Gehölz wird im Herbst gepflanzt. Es muss genauso tief wie im vorherigen Topf stehen.

2 Wässern Sie es gut und stellen Sie es an einen sonnigen, geschützten Platz.

3 Im Frühjahr wird die oberste Substratschicht ausgetauscht. In die frische Erde arbeitet man Obstdünger ein. Darüber kommt eine Mulchschicht aus gut verrottetem Stallmist, die aber den Stamm nicht berühren darf.

4 Im Juni gibt man ein weiteres Mal Obstdünger in der auf der Packung angegebenen Menge.

Expertentipps

- Um bald Birnen ernten zu können, kauft man einen dreijährigen Baum.
- Fast alle Birnen fruchten an Kurztrieben und lassen sich als Hochstamm, Kordon oder Spindel ziehen. Beim Kordon kürzt man im Frühjahr den Haupttrieb und im Sommer die Seitenzweige auf 3 Blätter zurück. Fruchttriebe brauchen 10 cm Abstand zueinander.

Um größere Birnen zu erhalten, dünnen Sie im Sommer auf zwei bis drei Früchte pro Büschel aus.

5 Regelmäßig und besonders während der Fruchtentwicklung muss gut gewässert werden.

6 Im Winter und Sommer wird geschnitten.

Probleme
Die einzelnen Sorten sind unterschiedlich widerstandsfähig gegen Krankheiten, immer ein Problem aber ist die Monilia-Fruchtfäule. Infiziertes wird entfernt. Die Birnenpockenmilbe verunstaltet das Laub und ist eher ein ästhetisches Problem.

Ernte und Lagerung
Birnen erntet man, wenn sie noch fest sind, aber die Farbe schon wechseln. Nach der Ernte lagert man sie kühl und dunkel: Frühe Sorten sind nach einer Woche genussreif, späte brauchen länger.

SORTEN 'Concorde', 'Conference', 'Doyenné du Comice', 'Decora', 'Obelisk'.

Feigen

Sie sind vielleicht die idealen Topfpflanzen, denn ihre Wurzeln mögen es beengt. Mit ihrem strukturbetonten Wuchs und dem auffälligen Laub geben Feigen schöne Ziergehölze für Terrasse und Holzdeck ab. Inzwischen gibt es Sorten, die auch in kühleren Regionen gut Früchte tragen.

Gefäß

Ein 35–40 cm breiter Topf mit Kübelpflanzenerde, in die zur Verbesserung der Durchlässigkeit feiner Kies gemischt wurde.

Diese große Feige wird mit etwas Glück noch reif. Kleine Früchte schaffen es nicht mehr und werden entfernt. Die kleinsten Exemplare aber lässt man überwintern.

Kultur

1 Feigen gehören an die wärmste, sonnigste Wand. Sie brauchen es möglichst warm und hell.

2 Gut wässern – der Boden darf nie austrocknen.

Expertentipps

- Offene, kelchförmige Büsche sind als Topffeigen ideal.
- Vor Wachstumsbeginn im Frühjahr holt man tote und schwache Triebe heraus. Im Sommer werden einfach die Triebspitzen am Ende von frischem Wuchs abgezwickt, sodass fünf Blätter pro Zweig bleiben. Tragen Sie stets Handschuhe, um Hautreizungen durch den Saft zu vermeiden.
- Regelmäßiges Wässern ist wichtig, vor allem im Sommer.
- Im Frühjahr wird die oberste Substratschicht erneuert.
- Zum Sommerende hängen vermutlich unterschiedlich große Früchte am Baum. Die größten sind bald erntereif, die kleinsten bilden die Ernte des nächsten Jahres.

3 Im Frühjahr mulcht man mit gut verrotteter organischer Substanz, im Sommer ist eine wöchentliche Flüssigdüngerration ratsam.

4 Stellen Sie Ihre Feige im Winter frostfrei oder packen Sie den Topf wenigstens dick ein.

5 Alle paar Jahre wird im Frühjahr umgetopft.

Probleme

Schützen Sie den Baum mit einem Netz vor Vögeln.

Ernte und Lagerung

Ob Feigen reif sind, erkennt man an Duft und Weichegrad. Je länger man wartet, desto süßer werden sie. Man hält die Frucht am Stiel und zieht sie vorsichtig vom Zweig. Sie kann frisch verzehrt oder im Ofen getrocknet werden.

SORTEN 'Brown Turkey', 'Brunswick', 'Dalmatie', 'Pfälzer Fruchtfeige', 'Violetta'.

Zitrusfrüchte

Zitrusgewächse – Zitronen, Limetten, Grapefruits, Kumquats, Orangen und Calamondinorangen – sind nicht winterhart und brauchen konstante Wärme. In unseren kühlen Breiten zieht man sie am besten im Wintergarten. Verwenden Sie eher leichte Kunststoffgefäße als schwere Tontöpfe, um sie besser transportieren zu können. Sie brauchen zwar die für sie passenden Wuchsbedingungen, sind ansonsten aber wenig anspruchsvoll. Die schönen Bäume tragen ihre duftenden Blüten fast das ganze Jahr. Das Ernten eigener Zitrusfrüchte hat etwas für sich und lohnt die Mühe des Eigenanbaus auf jeden Fall.

Gefäß

Für 2- bis 3-jährige Pflanzen ist ein 50-cm-Topf am besten. Mischen Sie in die Kübelpflanzenerde 20 Prozent feinen Kies bzw. Brechsand oder kaufen Sie gleich Spezialerde für Zitruspflanzen. Da Zitrusgewächse ausreichend Calcium brauchen, können Sie mit Leitungswasser gießen.

Kultur

1 Die Pflanzen fruchten nur gut, wenn ihnen die Bedingungen behagen. Sie brauchen eine lange, heiße Saison mit viel Luftfeuchtigkeit und mindestens sechs Monate lang ein Minimum von 14 °C, damit die Früchte ausreifen. Wichtig ist ein frostfreier Winter mit 15 °C Mindesttemperatur. Ist es kühler, treten sie in eine Ruhephase. Unterhalb von 7 °C können sie eingehen.

2 Zitruspflanzen wachsen als Stecklinge oder aus Samen extrem langsam. Wer früh Früchte ernten möchte, sollte ältere Pflanzen kaufen.

3 Pflanzen Sie Zitrusgehölze im Frühjahr.

4 Wässern Sie gut und lassen Sie das Substrat nicht austrocknen, denn bei Wassermangel werfen die Bäume ihre Früchte ab. Im Winter

In heißen Sommern besprüht man die Pflanzen während und nach der Blüte, um die Luftfeuchtigkeit zu erhöhen.

Irgendeine Zitrusfrucht blüht im Jahreslauf fast immer. Die Früchte reifen sehr langsam – manchmal bis zu einem Jahr.

Zitruspflanzen in Töpfen sollten im Sommer an einem warmen, sonnigen Platz stehen. In unserem Klima müssen sie frostfrei überwintert werden.

hält man die Pflanzen hingegen fast trocken. Steigen die Temperaturen wieder, gießt man mit lauwarmem Wasser, um sie zur Blüte anzuregen. Überschüssiges Wasser muss ablaufen können.

5 Im Frühjahr werden die obersten 5 cm Topferde erneuert. Alle 3–4 Jahre topft man die Pflanzen im Frühjahr um, wenn der Ballen zu dicht wird.

6 Zitruspflanzen sind nährstoffhungrig und müssen das ganze Jahr gedüngt werden. Vom Frühjahr bis zur Herbstmitte düngt man sie mindestens einmal wöchentlich, im Winter ein Mal im Monat. Spezialdünger ist erhältlich.

Probleme

Die meisten Probleme – fehlende Blüten, Blütenfall, gelbe Blätter oder Laubfall – entstehen durch unzureichende Bedingungen wie zu wenig Licht, Mangel an Nährstoffen, Wasser und Luftfeuchtigkeit oder zu geringe Temperaturen. Wässern Sie im Winter moderat, meiden Sie große Temperaturschwankungen und sorgen Sie für hohe Luftfeuchtigkeit.

Ernte und Lagerung

Die Früchte können reif geerntet werden oder noch am Baum bleiben. Man schneidet sie so mit einer Gartenschere ab, dass an der Frucht ein kurzer Stiel bleibt. Unversehrte Früchte lassen sich mehrere Wochen lagern, aber auch einmachen.

SORTEN Clementine: *C. reticulata* Mandarin-Gruppe 'Nules'; Grapefruit: *C.* × *paradisi* 'Marsh'; Zitrone: *C.* × *meyeri*, *C. limon* 'Garey's Eureka'; Orange: *C. sinensis* 'Washington'; Limette: *C. aurantiifolia* 'Tahiti'; Satsuma: *C. unshiu* 'Owari'.

Kirschen

Kirschbäume sind erstaunlich: Im Frühjahr schmückt sie ein Blütenmeer, im Sommer locken sie mit hängenden Früchten und oft verabschieden sie sich mit leuchtender Herbstfärbung. Unterschieden wird zwischen Süß- und Sauerkirschen. Süßkirschen werden am besten frisch genossen, während Sauerkirschen erst gekocht gut schmecken. Die meisten Sauerkirschen sind selbstfruchtbar, die meisten Süßkirschen dagegen nicht. Wichtig sind schwachwüchsige Unterlagen, damit der Baum eine Höhe von 2–3 m nicht übersteigt. 'GiSelA 5' eignet sich für Süßkirschen in Töpfen, während 'Colt' für die weniger wüchsige Sauerkirsche empfohlen wird. Man zieht die Bäume als Busch oder Fächer.

Kirschblüten lassen sich mit Vlies vor Frost schützen. Die Abdeckung muss tagsüber abgenommen werden.

Gefäß

Große Kübel ab 60 cm Durchmesser mit Kübelpflanzenerde.

Kultur

1 Gepflanzt werden die Bäume, ob wurzelnackt oder mit Ballen, zwischen Spätherbst und zeitigem Frühjahr. Süßkirschen brauchen volle Sonne, Sauerkirschen vertragen auch etwas Schatten.

2 Kirschen sind Flachwurzler und trocknen in Töpfen rasch aus, sie müssen besonders nach dem Einpflanzen, während der Fruchtbildung und bei Trockenheit gut gewässert werden.

3 Im Frühjahr ersetzt man die oberste Substratschicht durch frische Erde und mischt Obstdünger dazu, diesen gibt man im Juni nochmals.

4 Kirschen blühen früh und sollten daher an einem geschützten Platz stehen. Die Blüten schützt man nachts ggf. mit Vlies vor Minustemperaturen, tagsüber nimmt man es aber ab.

Probleme

Bakterienbrand, erkennbar an braunen Flecken auf den Blättern und vertrockneten Zweigen, bringt den Baum zum Absterben. Befallenes Holz wird bis ins gesunde Holz entfernt, maßvoll düngen und schneiden. Ein Schnitt im Sommer verringert das Risiko einer Bleiglanzinfektion. Mit einem Netz schützt man die Früchte vor Vogelfraß.

Ernte und Lagerung

Kirschen erntet man im Sommer mit Stiel. Süßkirschen halten sich gekühlt eine Woche, können aber entsteint oder püriert eingefroren werden.

SORTEN Sauer: Fruttini®'Jachim', 'Jade', 'Morina'; süß: 'Axel', 'Carmen', 'Regina', 'Rubin'.

Expertentipps

■ Süßkirschen fruchten an ein- und zweijährigem Holz. Neue Triebe werden im Sommer eingekürzt, um die Bildung von Fruchttrieben zu fördern.

■ Sauerkirschen fruchten je nach Sorte mehr an ein- oder mehrjährigem Holz. Im Sommer wird Verdichtetes ausgelichtet.

Pfirsiche

Ein selbst angebauter, frisch vom Baum gepflückter Pfirsich schmeckt himmlisch und viel besser als alle, die man bisher probiert hat. Leider muss man ein bisschen etwas dafür tun in unserem relativ kühlen Klima, denn Pfirsichbäume sind zwar winterhart, ihre Blüten jedoch nicht. Pflanzen Sie Zwergzüchtungen oder normale Sorten auf schwachwüchsigen Unterlagen wie 'Pumiselect' oder 'St. Julien A'. Sie sind leichter zu pflegen.

Gefäß
Jungbäume sind mit einem 40-cm-Topf und Kübelpflanzenerde mit etwas Sand darin zufrieden.

Kultur
1 Der Baum, ob wurzelnackt oder mit Ballen, wird im Herbst gepflanzt und vor eine warme, sonnige, geschützte Mauer gestellt. Gut angießen.

2 Im April und Juni düngt man mit einem Obstdünger und wässert regelmäßig.

3 Die wachsenden Früchte werden nach und nach auf etwa 7 cm Abstand ausgedünnt.

4 Topferde und Mulch im Frühjahr austauschen.

5 Topfen Sie Ihren Pfirsichbaum jedes 2. Jahr in ein größeres Gefäß um, bis zum 50-cm-Topf.

Probleme
Eine häufige Pilzkrankheit ist die Kräuselkrankheit: Die Blätter kümmern und bekommen rosa Pusteln, der Pilz überwintert an Zweigen und Knospen. Wenig anfällige Sorten wählen, Begleitpflanzen, Schachtelhalmspritzungen sollen helfen.

In kühleren Breiten schützt man die Blüten mit Vlies vor Spätfrösten.

Pfirsiche reifen unterschiedlich schnell. Suchen Sie das Bäumchen immer wieder nach reifen Früchten ab.

Ernte und Lagerung
Reife Früchte duften und sind weich. Man kann sie frisch essen oder einkochen.

SORTEN 'Amsden', 'Anneliese Rudolph', 'Avalon Pride', 'Benedicte', 'Campanilo'® Säulenpfirsich, 'Kernechter vom Vorgebirge', 'Peregrine', 'Revita'.

Expertentipps

- In kühleren Breiten wählt man spät blühende Sorten.

- Ansonsten kann man die Blüten nachts mit Vlies vor Frost schützen. Tagsüber muss die Abdeckung aber abgenommen werden.

- Erhöhen Sie den potenziellen Ertrag, indem Sie mit einem Pinsel bestäuben.

- Pfirsiche blühen an vorjährigem Wuchs und müssen so geschnitten werden, dass sie jedes Jahr neue Triebe bilden. Altes Holz wird auf eine Knospe zurückgeschnitten. Kompakte Formen brauchen kaum Schnitt, sondern lediglich ein Auslichten.

- Um Infektionen zu vermeiden, schneidet man nur an trockenen, sonnigen Tagen.

Pflaumen

Sie wollen eigene Pflaumen? Dann haben Sie die Wahl zwischen Pflaumen, Zwetschgen, Renekloden und Haferpflaumen. Sie sind eng miteinander verwandt, wobei Haferpflaumen (= Haferschlehen) und Zwetschgen kleinere, eher säuerliche, auch gekocht schmackhafte Früchte haben. Man kennt viele selbstfruchtbare Sorten, doch fällt die Ernte reichlicher aus, wenn man zwei Bäume derselben Blütezeit pflanzt. Als Unterlage empfiehlt sich die schwach wachsende 'Pixy'. Erzogen werden Pflaumen als offene Büsche, Pyramide oder Fächer.

Gefäß

Ideal ist ein 60-cm-Topf mit vielen Abzugslöchern, denn Pflaumen mögen keine nassen Füße. Man füllt ihn mit Kübelpflanzenerde und etwas Sand.

Kultur

1 Pflaumen werden im November wurzelnackt oder mit Ballen so tief gepflanzt, wie sie zuvor im Topf oder Boden standen. Gut angießen.

2 Den Topf stellt man an einen sonnigen Platz.

3 Pflaumen sind durstig und müssen im ersten Jahr während des Einwachsens sowie während längerer Trockenheit gut gewässert werden.

4 Im Frühjahr mulcht man sie mit gut verrottetem Stallmist und gibt einen Obstdünger.

5 Pflaumen blühen früh. Die Bäume sind zwar winterhart, die Blüten können aber trotzdem erfrieren. Man schützt sie daher in kalten Nächten mit einem Vlies und deckt sie tagsüber auf, damit Bestäuber sie anfliegen können.

6 Durch Ausdünnen der unreifen Früchte auf etwa 5 cm Abstand erhöht man den Ertrag.

Probleme

Schneiden Sie möglichst wenig, um Bleiglanz und Bakterienbrand zu vermeiden – und wenn,

Expertentipps

■ Anfangs wird so geschnitten, dass ein Gerüst aus kräftigen, offenen Ästen entsteht. Später entfernt man nur noch totes oder verletztes Holz und Wildtriebe.

■ Wer nur Platz für einen Baum hat, unterstützt die Bestäubung, indem er mit einem Pinsel über die Blüten streicht.

dann nur im Frühjahr oder Hochsommer. Wespen, Vögel, Pflaumenwickler und Pflaumensägewespen können die Früchte schädigen. Gegen die Insekten helfen Pheromonfallen und Mittel auf der Basis von Kaliseife oder Natur-Pyrethrum.

Ernte und Lagerung

Pflaumen lässt man am Baum voll ausreifen. Sie werden frisch genossen, eingefroren, püriert, eingekocht oder zu Wein verarbeitet.

SORTEN Pflaumen: 'Hanka', 'Toptaste'; Säulen-Zwetschgen: 'Katinka', 'Llane', 'Anja'®; Reneklode 'Graf Althans'; 'Fränkische Haferschlehe'.

Reife Pflaumen haben eine charakteristische Bereifung, die sich wegreiben lässt.

Oliven

Olivenbäume erinnern an Sommerurlaub und süßes Nichtstun. Ihre Kultur macht vielen Bewohnern nördlicher Gefilde Spaß, vor allem wenn sie ihr mediterranes Gehölz auch noch zum Fruchten bringen. Die langsam wachsenden Gehölze sind sehr dekorativ, müssen in Mitteleuropa aber im Kübel gezogen werden.

Gefäß
Wichtig ist gute Dränage. Man mischt daher Kübelpflanzenerde mit Sand. Für Jungbäume reicht ein Topf mit 30–35 cm Durchmesser.

Kultur
1 Die Bäume werden im Herbst eingepflanzt, an einen sonnigen Platz – am besten vor eine warme Hauswand – gestellt, gestützt und gewässert.

2 Oliven kommen zwar mit Trockenheit zurecht, müssen aber trotzdem regelmäßig gewässert werden, wenn es längere Zeit nicht regnet. Im Winter

Die Olivenernte fällt wesentlich höher aus, wenn man mehr als eine Sorte kultiviert.

gießt man weniger, lässt den Ballen aber nicht austrocknen, um die Blüte nicht zu beeinträchtigen.

3 Während der Wachstumssaison bis Ende August Kübelpflanzendünger geben.

Probleme
Stehen Oliven zu lange in der Kälte, muss man mit rissiger Rinde, erfrorenen Zweigen und Laubfall rechnen. Sie treiben dann zwar wieder aus, doch ist die Ernte beeinträchtigt. Manchmal werden sie von Schildläusen befallen, die aber nicht viel Schaden anrichten. Man wischt sie einfach weg.

Ernte und Lagerung
Oliven können schwarz geerntet und roh gegessen werden, schmecken dann aber anders als gekaufte, die in Salz entwässert und in Olivenöl oder Lake eingelegt werden.

SORTEN 'Aglandau', 'Cailletier', 'Frantoio', 'Hojiblanca', 'Leccino', 'Manzanilla', 'Picual'.

Expertentipps

- Oliven müssen kaum geschnitten werden. Es reicht, im Frühjahr ein paar Zweige auszudünnen, um eine offene Mitte zu erhalten, und die Spitzen der Hauptäste jährlich nach der Blüte abzuzwicken, um die Bildung von Neuwuchs zu fördern.

- Obwohl zahlreiche Olivenbaumsorten selbstfruchtbar sind, fällt die Ernte bei Kultur zweier Sorten verlässlicher aus.

- Dünnen Sie die Früchte auf 3–4 Oliven pro 30 cm aus, damit alle gut ausreifen.

- In sehr milden Gebieten können die Bäume draußen bleiben, doch müssen die Töpfe und Pflanzen mit Luftpolsterfolie, Stroh und Vlies geschützt werden. Ab -10 °C ist mit Schäden zu rechnen.

Stachelbeeren

Die altmodischen Beeren mit ihrem süß-sauren Geschmack erleben derzeit eine Art Renaissance. Sie stecken größte Kälte weg, sind pflegeleicht und selbstfruchtbar, sodass eine einzige Pflanze reicht. Man bekommt sie als Busch oder Hochstamm. Weil sie reichlich tragen, aber wenig Platz brauchen, eignen sie sich vorzüglich für die Topfkultur.

Gefäß
Beerenobsterde sorgt für stabilen Stand und hält das Wasser gut. Man mischt sie mit Sand, um die Dränage zu verbessern. Der Topf sollte mindestens 40 cm hoch sein.

Kultur
1 Pflanzen Sie Büsche wurzelnackt von November bis März oder mit Ballen auch später an einen geschützten, sonnigen Standort. Stachelbeeren fruchten im Halbschatten spärlicher.

2 Ab der Blütezeit und bei längerer Trockenheit wird gut gewässert.

3 Geben Sie im April und Juni Beerendünger.

4 Die Blüten werden mit Vlies vor Frost geschützt.

Probleme
Schlechte Luftzirkulation erhöht die Gefahr einer Infektion mit dem Echten Mehltau, doch gibt es weniger anfällige Sorten wie 'Invicta'. Die Raupen der Stachelbeerblattwespe können die ganze Pflanze im Nu entlauben. Man zupft sie sofort ab, sobald man sie bemerkt. Dompfaffen lieben die Knospen, während Amseln sich über

Vögel lieben Stachelbeeren. Mit einem Netz hält man sie fern.

Die ersten Stachelbeeren werden nicht ganz reif im späten Frühjahr geerntet. Den Rest kann man noch hängen lassen.

die Beeren hermachen. Werden sie zu aufdringlich, spannt man ein Netz über die Krone.

Ernte und Lagerung
Stachelbeeren werden im späten Frühjahr ausgedünnt, wenn die Beeren noch nicht ganz reif sind. Dazu entfernt man jede zweite Beere (sie können zu Konfitüre verarbeitet werden). Der Rest wird im Sommer geerntet.

SORTEN 'Invicta', 'Larell', 'Remarka', 'Xenia'®.

Expertentipp

■ Für einen Kordon braucht man einen kräftigen Ast als Leittrieb. Von den unteren 15 cm entfernt man alle Zweige. Dann den Trieb an eine Stütze binden. Alle übrigen Triebe bis auf 2 Knospen zurückschneiden. Im folgenden Sommer den Leittrieb neu anbinden und frischen Wuchs auf 5 Blätter einkürzen. Im Winter Leittrieb um ein Drittel, den Rest auf 2 Knospen kürzen.

Himbeeren

Himbeeren sind erfreulich leicht zu ziehen und fordern wenig Pflege ein, wenn man ihnen einen geeigneten Platz zugewiesen hat. Es gibt Sommer- und Herbsthimbeeren. Wer Platz hat, kultiviert beide in je einem Topf.

Gefäß
Drei Ruten sollten in einen 40 cm hohen und breiten Topf passen. Als Substrat eignet sich Beerenobsterde mit etwas Sand.

Kultur
1 Himbeeren werden wurzelnackt im Oktober, mit Ballen früher in warmen Boden gepflanzt (siehe Seite 59). Man beachte dabei, dass die Bodenmarke mit der Oberfläche abschließt. Das fördert den Austrieb vieler neuer Ruten.

2 Wässern und an einen sonnigen Platz stellen.

3 Eine Mulchschicht bewahrt Feuchtigkeit.

4 Erziehen Sie die Ruten an Bambusstäben (siehe Seite 59) oder binden Sie eine Schnur außen um sie herum, damit sie nicht umfallen.

5 Im April und Juni mit Beerendünger versorgen.

Probleme
Himbeeren sind anfällig für Viren- und Pilzkrankheiten. Sie schwächen die Pflanzen und senken den Ertrag. Kaufen Sie nachweislich virusfreies Material, wässern und düngen Sie regelmäßig und lassen Sie die Pflanzen nicht zu dicht wachsen. Trockene Flecken an Beeren deuten

Herbsthimbeeren werden im Spätwinter bis zum Boden gekappt. Sie treiben neu aus.

Reife Himbeeren lassen sich sauber von der Pflanze ziehen. Geerntet werden sollte bei trockenem Wetter.

Expertentipps

- Sommerhimbeeren fruchten an letztjährigem Wuchs. Deshalb schneidet man alte Ruten nach der Ernte zurück (Seite 59).

- Herbstsorten fruchten an diesjährigen Triebe. Man schneidet im Spätwinter sämtliche Ruten bodennah ab. Im Sommer wird lediglich etwas ausgedünnt.

- Nach etwa 10 Jahren sinkt der Ertrag. Dann sollten die Pflanzen durch neue ersetzt werden.

auf Larven des Himbeerkäfers im Inneren hin. Gegen sie kann man nichts tun; Herbstsorten sind weniger anfällig.

Ernte und Lagerung
Man kann die Beeren leicht von den Ruten ziehen. Ernten Sie oft, um weiteren Fruchtansatz zu fördern und Krankheiten zu verhindern.

SORTEN Sommerhimbeeren: 'Glen Ample', 'Meeker', 'Willamette'; Herbsthimbeeren: 'Autumn Bliss', 'Goldkind', 'Himbo-Top'®.

Himbeerkultur

Himbeeren sind aus gutem Grund beliebte Hausgartenfrüchte: Sie lassen sich einfach ziehen, liefern viel Ertrag ohne Aufwand und schmecken köstlich. Auch mit der Topfkultur kommen sie zurecht.

Es gibt zwei Typen: Sommer- und Herbsthimbeeren. Da sie zu verschiedenen Zeitpunkten geschnitten werden, pflanzt man sie an getrennten Stellen.

Nur Herbsthimbeeren liefern im ersten Jahr nach der Pflanzung Beeren, denn sie fruchten an diesjährigem Wuchs. Ihre Ruten schneidet man im Winter bis zum Boden zurück. Im Frühjahr treiben neue aus, die im Herbst desselben Jahres noch tragen. Sommerhimbeeren hingegen setzen ihre Beeren an Trieben an, die im Vorjahr gewachsen sind, und fruchten daher erst etwa 18 Monate nach dem Pflanzen.

Wurzelnackte Himbeeren werden in der Ruhephase gepflanzt. Sommerhimbeeren schneidet man gleich danach bis auf 20 cm Höhe zurück. Erscheint im Frühjahr neuer Wuchs, wird er an Stützen gebunden. Die Ruten fruchten nur einmal und werden daher nach der Ernte zurückgeschnitten, um Platz für neuen Wuchs zu machen.

Sobald diese Schnitttechnik zur Routine geworden ist, hat man nicht mehr viel zu tun. Ein geschützter Platz, regelmäßig Dünger und eine feuchtigkeitsspeichernde Mulchschicht auf dem Substrat sind alles, was sie brauchen.

Für Himbeeren im Topf konstruiert man entweder ein Gerüst aus Bambusstäben oder erzieht die Ruten an der Wand.

Himbeeren einpflanzen

Sie brauchen

- ◼ 3 Himbeerruten, nach Möglichkeit wurzelnackt
- ◼ Eimer Wasser
- ◼ 40 cm breiten Topf
- ◼ Beerenobsterde
- ◼ Dränagematerial (siehe Seite 15)
- ◼ Gartenschere
- ◼ Bambusstäbe und Schnur

1 Ruten gleich nach der Anlieferung auspacken und alle Schildchen und Verpackungsmaterialien entfernen. Eine Stunde in Wasser stellen, um ihnen wieder Flüssigkeit zuzuführen und den Stress beim Einpflanzen zu lindern. Tonscherben in den Topf legen. Topf etwa zur Hälfte mit Erde füllen. Himbeeren hineinstellen.

2 Nicht zu tief pflanzen: Wurzeln mit etwa 8 cm Substrat bedecken. In einen mindestens 40 cm breiten Topf drei Ruten pflanzen. Gut wässern und mulchen. Nach dem Pflanzen von Sommerhimbeeren Ruten auf 20 cm Höhe über dem Boden zurückschneiden. Während der Wachstumsphase regelmäßig wässern.

3 Wenn im Frühjahr an Sommerhimbeeren die neuen Triebe erscheinen, die alten völlig entfernen. Stäbe als Stütze in den Topf stecken und die jungen Ruten anbinden, die im folgenden Jahr fruchten.

4 Himbeeren sind selbstfruchtbar. Ihre Blüten werden im Frühjahr von Bestäubern wie Bienen angeflogen. Durch jährliche Düngung im April und Juni regt man die Sträucher zum Austrieb von gesundem Wuchs an.

5 Die Beeren sind reif, wenn sie sich leicht vom Trieb ziehen lassen und nur der Zapfen zurückbleibt. Regelmäßiges Abernten fördert die Entwicklung neuer Früchte. Bei Sommersorten danach alle alten Ruten kappen.

Heidelbeeren

Heidelbeeren schmecken köstlich süß mit leicht säuerlichem Einschlag und sind so gesund, dass sie seit einiger Zeit als »Superfood« gepriesen werden. Gleichzeitig haben sie einen hohen Zierwert und begeistern mit schönen Glockenblüten ebenso wie mit lebendiger Herbstfärbung. Sie sind die idealen Kandidaten für die Topfkultur, denn in Pflanzgefäßen kann man ihnen exakt die Bedingungen bieten, die sie brauchen.

Gefäß
Sie lieben es sauer und brauchen daher Moorbeeterde, die einen pH-Wert unter 5 aufweist. Anfangs reicht ein 30-cm-Topf.

Kultur
1 Heidelbeersträucher sind im Container erhältlich und werden im Frühherbst oder Frühjahr gepflanzt und danach reichlich gewässert.

2 An einen geschützten, sonnigen Platz stellen.

3 Die Topferde darf weder staunass noch trocken sein, sondern muss immer leicht feucht bleiben. Gießen Sie nach Möglichkeit mit Regenwasser statt Leitungswasser, das je nach Kalkgehalt die saure Erde allmählich neutral macht, der Pflanze schadet und die Ernte schmälert.

4 Die Pflanzen werden mit saurem Material wie Rindenschnipseln, Laubhumus oder Kiefernnadeln gemulcht, damit weniger Feuchtigkeit verdunstet.

5 Düngen Sie im Frühjahr mit einem sauer wirkenden Rhododendron-Dünger.

6 Heidelbeeren sind grundsätzlich winterhart. Doch die Kombination aus Kälte und Nässe kann ihnen zusetzen. Im Winter wickelt man den Topf in Luftpolsterfolie, Jutesäcke oder Stroh, um die Wurzeln zu schützen, und mulcht. Auch die Zweige werden mit Vlies geschützt. Im Frühjahr deckt man die Krone während der Blüte bei Spätfrostgefahr nachts mit Vlies ab.

7 Umgetopft wird jährlich, bis ein etwa 40 oder 50 cm großer Topf erreicht ist. Danach tauscht man jedes Jahr die oberste Erdschicht aus.

Probleme
Heidelbeeren sind relativ unempfindlich für Schädlinge und Krankheiten. Ihr größtes Problem sind Vögel. Werden sie zu gierig, schützt man die

Hier sind die dekorativen Heidelbeeren für eine Saison mit schmückenden Ziergräsern unterpflanzt. Cranberrys sind auch sehr geeignet, sie lieben den gleichen Boden.

Heidelbeeren sind reif, wenn sie gleichmäßig blau aussehen und den typischen Reif auf der Schale entwickelt haben.

Pflanzen mit Netzen (siehe Seite 63). Topfpflanzen fangen sich gelegentlich Echten Mehltau ein (siehe Seite 34), vor allem wenn es zu trocken ist. Man schneidet infizierten Wuchs heraus, wässert vorbeugend gewissenhafter und mulcht, damit das Substrat stets feucht bleibt.

Ernte und Lagerung

Geerntet werden kann, je nach Sorte, ab Juli, wenn die Beeren dunkelblau sind. Da nicht alle gleich schnell reifen, führt man mehrere Erntedurchgänge durch. Die Früchte können frisch gegessen, eingefroren oder zu Eingemachtem verarbeitet werden.

SORTEN Früh: 'Spartan', 'Patriot'; mittelspät: 'Bluecrop', 'Chippewa', 'Northcountry', 'Northsky' (Zwerg-Sorte), 'Sunshine Blue'; spät: 'Chandler', 'Brigitta Blue'.

Expertentipps

- Alle Heidelbeersorten sind selbstfruchtbar, aber bei Fremdbestäubung trotzdem ertragreicher. Mit drei Büschen sollte eine große Ernte garantiert sein.

- In den ersten Jahren brauchen Sie sich um den Schnitt nicht zu kümmern. Halten Sie den Busch einfach nur offen, nehmen Sie abgestorbenen, verletzten und kranken Wuchs heraus. Heidelbeeren wachsen langsam. Später schneidet man im Winter während der Ruhephase. Entfernen Sie dabei ältere Triebe und einige schwächere, was den Strauch zu neuem Wuchs anregt.

- Stellen Sie in der Wachstumssaison den Topf auf einen Untersetzer, damit er nicht so schnell austrocknet und Nährstoffe verliert. Im Winter nimmt man ihn weg, um Staunässe zu vermeiden.

Unwiderstehlich

Heidelbeeren sind kapriziöse Gewächse, die feuchte, leichte und saure Böden verlangen. Gerade deshalb aber eignen sie sich bestens für Töpfe, denn in Gefäßen kann man ihnen leichter das geben, was sie brauchen. Mit ihren weißen Blüten, der zauberhaften Herbstfärbung und den himmlischen Beeren machen sie selbst im schlichtesten Tontopf viel her.

Wer nur ein einziges Exemplar kultiviert, kann bei den selbstfruchtbaren Heidelbeeren unter vielen Sorten wählen (eine Auswahl siehe Seite 61). Allerdings lohnt es sich trotzdem, mehrere Sorten zu ziehen, denn die Ernte fällt dann höher aus. Man wässert die Sträucher gut, bevor man sie in neue Moorbeeterde pflanzt. Herkömmliche Universalerde darf nicht verwendet werden, da sie zu alkalisch ist und die Pflanze in ihr allmählich eingeht. Gemulcht wird mit Kiefernnadeln oder Rindenschnipseln, die den pH-Wert des Substrats nicht zum Alkalischen hin verändern. Heidelbeeren brauchen einen geschützten, sonnigen Platz.

Gewässert wird nach Möglichkeit mit Regenwasser und nicht mit Leitungswasser, falls dieses kalkhaltig ist. Während der Wachstumssaison ist es sinnvoll, einen Untersetzer unter den Topf zu stellen (siehe Seite 61).

Entfernt man die Knospen im ersten Jahr, erhält man langfristig einen wesentlich höheren Ertrag. Ab dem zweiten Jahr werden Heidelbeeren im Frühjahr mit einem Rhododendron-Dünger versorgt.

Nicht vergessen werden sollte, dass die Beeren nicht alle gleichzeitig reifen. Suchen Sie den Strauch regelmäßig ab und ernten Sie jedes Mal nur die reifen Früchte.

Heidelbeeren sind eine Köstlichkeit, die heute oft als Superfood gepriesen wird. Gekauft sind sie nicht preiswert, weshalb es durchaus lohnenswert ist, sich einen Topf zuzulegen.

Heidelbeersträucher pflanzen

Sie brauchen
- Tontopf mit 30 cm Durchmesser oder mehr
- Dränagematerial (siehe S. 15)
- Moorbeeterde
- jungen Heidelbeerstrauch
- Netz

1 Boden des Topfs mit Dränagematerial bedecken, um einen guten Wasserabzug zu ermöglichen. Den Topf zu etwa drei Vierteln mit Moorbeeterde füllen. Strauch vor dem Einpflanzen gut wässern.

2 Pflanzen Sie den Strauch wieder genauso tief ein, wie er zuvor im alten Topf stand. Der Ansatz sollte sich knapp unter der Oberfläche befinden.

3 Strauch nach dem Einpflanzen gut angießen und Substrat auch während des Einwachsens immer feucht halten. Stets Regenwasser verwenden, das Heidelbeeren Leitungswasser vorziehen. Topf nach dem Angießen mulchen.

4 Beeren mit einem Netz vor Vögeln schützen. Dabei darauf achten, dass die Pflanze komplett abgedeckt ist. Netz aber mit Ruten von der Pflanze fernhalten, sonst picken die Vögel durch die Maschen. Das Netz spannen, sobald die kleinen Früchte erscheinen, denn die Vögel zupfen sogar sie ab.

5 Heidelbeeren mögen es warm, den Topf daher an den sonnigsten Platz stellen, wo er viele köstliche Beeren ansetzt. An heißen Standorten jedoch besonders darauf achten, dass die Pflanze immer gut mit Wasser versorgt ist. Strauch öfter abernten, da die Beeren unterschiedlich schnell reifen.

Johannisbeeren

Rote und Weiße Johannisbeeren schmecken recht sauer und werden meist zum Kochen verwendet. Sie können als Busch, Fächer oder Hochstamm gezogen werden. Schwarze Johannisbeeren tragen süßsaure Beeren: sie sind wüchsig und werden meist als Busch kultiviert.

Gefäß

Schwarze Johannisbeeren brauchen einen 40-cm-Topf, Rote und Weiße Johannisbeeren kommen mit 30 cm aus. Eine Mischung aus Beerenobsterde und Kompost verwenden (siehe Seite 66).

Kultur

1 Rote und Weiße Johannisbeeren werden während der Ruhephase genauso tief gepflanzt, wie sie zuvor im Topf oder Freiland standen. Schwarze Johannisbeeren setzt man etwas tiefer (siehe Seite 67). Alle werden anschließend gut gewässert.

2 Da die Pflanzen Hitze nicht sehr gut vertragen, ist ein Platz mit einigen Stunden Halbschatten günstig, obwohl alle in der Sonne süßer werden.

3 Im Frühjahr erhalten sie Beerendünger und werden gemulcht. Regelmäßig wässern.

4 Umtopfen alle 2–3 Jahre in ein gleich großes oder etwas größeres Gefäß ist ratsam. Verwenden Sie frische Erde und stutzen Sie die Wurzeln etwas.

Expertentipps

- Geschnitten wird im zeitigen Frühjahr. Bei Schwarzen Johannisbeeren nimmt man ein Drittel der ältesten Triebe bis zur Basis heraus, bei den anderen schneidet man auf gesunde Knospen zurück.
- Stellen Sie die Töpfe im Winter auf Ziegel, damit Wasser gut ablaufen kann.

Probleme

Vögel lieben die Beeren, weshalb sie geschützt werden müssen (siehe Seite 67). Johannisbeerblattläuse verunstalten die Blattunterseiten und werden im Frühjahr entfernt, Gallmilben befallen Knospen, die entfernt und vernichtet werden.

Ernte und Lagerung

Johannisbeeren brauchen länger zum Reifen als man denkt. Man schneidet sie bündelweise ab und isst sie frisch, gekocht oder eingemacht. Sie lassen sich auch gut einfrieren.

SORTEN Schwarz: 'Ben Sarek', 'Bona', 'Ometa'; rot: 'Jonkheer van Tets', 'Rolan', 'Roter Holländer'; weiß: 'Blanka', 'Weiße Versailler'.

Weiße Johannisbeeren sind etwas kleiner und süßer als die Roten, werden aber genauso behandelt.

Wenn Rote Johannisbeeren reif aussehen, lässt man sie noch etwas hängen, damit sie süßer werden.

Je länger Schwarze Johannisbeeren am Strauch bleiben, desto süßer werden sie.

Weintrauben

Selbst dort, wo Platz knapp ist, sollte man es mit dem Anbau von Weintrauben probieren. Die Reben sind mit ihren großen, schönen Blättern ausgesprochen dekorativ. Man kann sie über Mauern oder Zäune klettern lassen oder als Hochstamm ziehen. In der Sonne tragen sie bereitwillig Trauben, die man essen oder zu Wein und Saft verarbeiten kann.

Gefäß
Gebraucht wird Kübelpflanzenerde mit etwas Kompost und ein mindestens 30 cm breiter Topf.

Kultur
1 Gepflanzt wird Containerware von März bis Oktober (siehe Seite 68). Man wässert, mulcht und stellt die Pflanze an einen sonnigen Platz.

2 Wässern Sie bei Trockenheit gut, vor allem im ersten Jahr nach dem Pflanzen.

3 Im März/April erneuert man die obersten 15 cm Topferde und arbeitet dabei einen Beerendünger in das Substrat ein.

4 In den ersten beiden Jahren werden alle Blüten entfernt. An dreijährigen Reben lässt man nur drei Trauben reifen, an vierjährigen fünf. Danach kann man sie ungehindert blühen und fruchten lassen.

Probleme
Die Beeren müssen mit Netzen oder alten Feinstrümpfen vor Wespen und Vögeln geschützt werden. Pilzrasen auf dem Laub kann auf Echten oder Falschen Mehltau hindeuten; Echter Mehltau greift auf Triebe und Früchte über (siehe Seite 34). Die Trauben können ferner von Grauschimmel befallen werden. Wässern Sie ausreichend und maßvoll und schneiden Sie zu dichten Wuchs heraus.

Ernte und Lagerung
Die Trauben sind reif, wenn sie weich zu werden beginnen, ein besserer Indikator für die Reife aber ist der Geschmack. Die Beeren werden im September oder Oktober süß und zuckrig und können dann als ganze Traube abgeschnitten werden. Tafeltrauben werden sofort gegessen oder bis zu zwei Wochen im Kühlschrank aufbewahrt, Weintrauben lassen sich auch zu Saft oder Wein verarbeiten.

SORTEN Rotwein: 'New York Muscat'; Weißwein: 'Seyval blanc'; rote Tafeltrauben: Robustarebe® 'Muscat bleu', 'Osella'; weiße Tafeltrauben: 'Birstaler Muskat', 'Arkadia'.

Junge Beeren müssen viel Sonne abbekommen. Deshalb schneidet man Blätter ab, die Schatten auf sie werfen.

»Superfrucht« Schwarze Johannisbeere

Die altbewährten Gartenschätze enthalten eine Unmenge Vitamin C und kosten im Handel recht viel, sodass es sich durchaus lohnt, sie anzubauen. Sie brauchen wenig Pflege und bescheren Ihnen reichlich Beeren – sofern Sie den Vögeln zuvorkommen! Gut passt zu den Sträuchern ein glasiertes Pflanzgefäß, das Wasser weniger verdunsten lässt als Ton. Nach der Ernte kann man aus den Blättern einen wohlschmeckenden Tee aufgießen.

Pflanzen Sie wurzelnackte Johannisbeeren in der kalten Jahreszeit an einen sonnigen Standort. Die Sträucher wachsen kräftig und brauchen einen größeren Topf als andere Johannisbeeren (siehe Seite 64). Meist kultiviert man sie als Busch. Mischen Sie 2 Teile Beerenobsterde und 1 Teil Komposterde für eine nährstoffreiche Pflanzerde. Schwarze Johannisbeeren werden etwas tiefer gepflanzt, als sie zuvor standen, damit sich am Ansatz junge, kräftige Triebe bilden. So erhält man einen mehrtriebigen, ertragreichen Busch. Direkt nach dem Pflanzen schneidet man einige Triebe zurück. Das schmälert zwar die Ernte im ersten Jahr, doch langfristig kräftigt man die Pflanze. Ballenware kann das ganze Jahr gepflanzt werden, ideal ist aber ebenfalls die frostfreie Zeit zwischen Herbstmitte und Frühjahr, um den genannten Schnitt durchführen zu können.

Schwarze Johannisbeeren sind nährstoffhungrig und durstig. Sie werden daher im Frühjahr gedüngt, gemulcht und regelmäßig gewässert, mit nochmaligem Düngen im Juni. Im Jahr nach dem Pflanzen ist kein Schnitt nötig. Ab dem 3. oder 4. Jahr schneidet man im Winter etwa 3 der ältesten Triebe bodennah zurück. So bildet sich ein offener Busch und frischer, junger Wuchs von der Basis aus. Alle 2–3 Jahre wird umgetopft.

Die Blätter Schwarzer Johannisbeeren verströmen beim Zerreiben einen typischen Duft. So kann man sie von anderen Johannisbeeren unterscheiden, wenn sie nicht fruchten.

Schwarze Johannisbeeren pflanzen

Sie brauchen

- wurzelnackte Schwarze Johannisbeere (siehe Seite 64)
- Eimer Wasser
- Dränagematerial (Seite 15)
- einen großen, dekorativen Topf ab 40 cm Durchmesser
- Beerenobsterde
- Kompost
- Beerendünger (siehe Seite 15)
- Gartenschere
- Netz

1 Wurzelnackten Strauch gleich nach dem Kauf in einen Eimer Wasser stellen. In den Pflanztopf Dränagematerial geben und zur Hälfte mit Topferde und Kompost füllen. Bei Frühjahrspflanzung etwas Dünger daruntermischen, damit die Pflanze Idealbedingungen hat.

2 Strauch so pflanzen, dass sich sein Ansatz etwa 8 cm unter der Erde befindet. Das regt ihn zu kräftigem Neuaustrieb aus der Basis an. Erde um die Wurzeln einfüllen. Topf auffüllen und Erde gut festdrücken. Reichlich wässern und Erde nachfüllen, falls nötig.

3 Nach dem Einpflanzen einige Triebe mit der Gartenschere auf 3 cm Höhe zurückschneiden. Mulchen und regelmäßig wässern.

4 Die reifenden Früchte im Frühsommer mit einem Netz vor Vögeln schützen. Netz so spannen, dass die Vögel nicht hindurchpicken und sich darin nicht verfangen können.

5 Von modernen Sorten die ganzen Trauben abschneiden. Ältere Sorten reifen unregelmäßig, weshalb man die Beeren einzeln abzupfen sollte.

Weinreben

Wer seine Rebsorten mit Umsicht auswählt (siehe Seite 65) und den Stöcken einen warmen, sonnigen Platz zugesteht, wird mit reichlich Trauben für Wein oder zum Naschen frisch von der Rebe belohnt. In Gefäßen zieht man das Gehölz als Hochstamm, vor allem wenn Platz Mangelware ist. Durch den Kauf fertig erzogener Stöcke spart man Zeit und erntet früher.

Weinreben gedeihen in Töpfen problemlos. In einem 40 cm breiten und hohen Kübel sollten sie viele Jahre lang Früchte tragen. In den ersten Jahren entfernt man aber alle Blüten (siehe Seite 65). Mit dem passenden Schnitt wachsen Reben zudem zu dekorativen Ziergewächsen heran, die oft auch noch mit strahlender Herbstfärbung begeistern. Containerpflanzen werden von März bis Mitte Oktober gesetzt, wenn die Pflanze sich im Wachstum befindet, während wurzelnackte Exemplare im März–April gepflanzt werden. Weinreben bevorzugen durchlässige Erde, die allerdings nicht zu rasch austrocknen sollte – ideal ist Kübelpflanzenerde mit einem Humusanteil. Sie brauchen möglichst viel Sonne, damit sie den Zucker für die köstlich süßen Beeren produzieren können. Geben Sie ihnen deshalb den wärmsten und sonnigsten Platz, den sie finden können, etwa eine sonnige Südmauer. Idealerweise bleibt der Wurzelraum allerdings kühl. Man mulcht den Topf daher mit großen Kieseln oder pflanzt einen flach wurzelnden Bodendecker wie Storchschnabel (*Geranium*), der Schatten spendet.

Oben: Damit die Sonne nicht auf den Wurzelballen brennt, begrünt man die Oberfläche mit niedrig wachsenden Pflanzen wie Storchschnabel, die als lebendiger Mulch dienen.

Links: Damit Weinreben in Töpfen viele gesunde, saftige Früchte tragen, sollte man das Wässern und Düngen der Töpfe nie vernachlässigen.

Einen Rebstock einpflanzen

Sie brauchen
- 40 cm breiten und tiefen Tontopf
- Dränagematerial (Seite 15)
- Kübelpflanzenerde
- Beerendünger (Seite 15)
- Hochstamm-Weinrebe
- Netze

1 Topfboden mit Dränagematerial bedecken. Anschließend den Topf zur Hälfte mit Kübelpflanzenerde füllen.

2 Bei Frühjahrspflanzung Dünger nach Packungsangabe daruntermischen. Die Rebe im Originaltopf auf das Substrat stellen und Höhe des Substrats so anpassen, dass die Pflanze später im neuen Topf genauso tief steht wie im alten.

3 Alten Topf entfernen und Rebe in die Mitte des neuen stellen. Um den Wurzelballen Substrat einfüllen. Gleichmäßig und gut festdrücken. Ggf. Bodendecker einpflanzen. Alles gut angießen und mulchen.

4 In trockenen Sommern Pflanze gut wässern (siehe Seite 65), vor allem sobald die unreifen Früchte erscheinen auf regelmäßige Wassergaben achten.

5 Blätter um die Trauben entfernen, ohne die Früchte zu verletzen – so bekommen sie viel Sonne. Reifende Beeren mit einem Netz vor Vögeln schützen. Trauben abschneiden, sobald die Beeren gut süß schmecken (siehe Seite 65).

Erdbeeren

Mit ihrem kompakten, kriechenden Wuchs sind Erdbeeren die idealen Topf- und Ampelgewächse. Wenn ihre Beeren nicht auf dem Boden aufliegen, lassen sie sich einfacher ernten und sind weniger anfällig für Schneckenfraß. Wer mehrere Sorten geschickt kombiniert, kann sich vom späten Frühjahr bis in den Herbst hinein über süße, frische Köstlichkeiten freuen. Einmaltragende Sorten fruchten reichlich und kurz für etwa 2–3 Wochen im Sommer, immertragende – auch Monatserdbeeren genannt – weniger stark, dafür aber kontinuierlich vom Frühsommer bis zum Frühherbst.

Gefäß
Erdbeeren eignen sich für alle Arten von Gefäßen, ob Blumenampel (siehe Seite 72–73), Fensterkasten oder Pflanzsack mit mindestens 10 cm Höhe. In eine 35 cm breite Ampel passen sechs Pflanzen, in einen Pflanzsack, Kasten oder 20-cm-Topf drei bis fünf Exemplare. Stopfen Sie aber nicht zu viele Erdbeeren in ein Gefäß. Als Substrat sollte gute Universalerde verwendet werden.

Kultur
1 Erdbeeren werden am besten Ende Juli bis Ende August gepflanzt, damit sie Zeit haben einzuwurzeln und sich zu entwickeln. Man kann sie auch im zeitigen Frühjahr pflanzen, doch bekommt man

Pflanzen Sie die jungen Ausläufer so, dass der Ansatz mit dem Bodenniveau abschließt.

dann im ersten Jahr nicht viele Erdbeeren. Der Ansatz der Stauden muss exakt auf Bodenhöhe sein. Zu tief gesetzte Erdbeeren faulen, wenn sie zu hoch stehen, trocknen sie aus und gehen ein.

2 Stellen Sie Erdbeeren an einen geschützten, sonnigen Platz.

3 Nach dem Pflanzen muss gut gegossen und gedüngt werden, damit die Pflanzen einwachsen. Erdbeeren sind Flachwurzler und trocknen rasch aus, sodass man häufig wässern muss, aber ohne dass sich Staunässe bildet.

Expertentipps

- Kaufen Sie nur garantiert virusfreie Sorten von verlässlichen Anbietern.

- Decken Sie die Pflanzen im zeitigen Frühjahr mit Folie oder Vlies ab, um die Blüte zu fördern. Sie fruchten dann etwa eine Woche früher. Tagsüber wird die Abdeckung abgenommen, damit Bestäuber die Blüten anfliegen können.

- Wer seine Erdbeeren an einem windigen Standort ziehen muss oder ganz sicher sein will, dass sie gut tragen, kann die Blüten selbst mit einem Pinsel bestäuben.

- Ausläufer werden entfernt, falls man keine frischen Pflänzchen braucht, damit die Pflanzen ihre Energie ganz auf die Blüte und den Fruchtansatz konzentrieren.

- Nach dem Abernten entfernt man alle alten Blätter, Triebe und Ausläufer sowie den Strohmulch und düngt.

- Nach 3–4 Jahren müssen die Pflanzen ausgetauscht werden.

- Erdbeeren lassen sich leicht durch Abnehmen bewurzelter Ausläufer vermehren.

- Walderdbeeren sind kleiner als andere Sorten und gedeihen ebenfalls im Topf. Sie sind immertragend.

Erdbeertöpfe aus Ton brauchen nicht nur wenig Platz, in ihnen macht die Erdbeerkultur auch viel Spaß – und sieht gut aus.

Erdbeeren werden geerntet, sobald sie reif sind – möglichst an einem heißen Tag. Die Wärme intensiviert den Geschmack.

4 Gemulcht wird mit Stroh, um Wasser zu sparen und die Früchte sauber und trocken zu halten.

5 Mischen Sie entweder beim Pflanzen Langzeitdünger ins Substrat oder geben Sie ab der Blüte einmal wöchentlich flüssigen Tomatendünger.

Probleme

Bei viel Feuchtigkeit wird Grauschimmel zum Problem. Wässern Sie daher immer von unten und sorgen Sie stets für gute Luftzirkulation. Auch Vögel können zum Ärgernis werden – spannen Sie deshalb ein Netz über die Gefäße. Ratsam ist ferner Schutz vor Schnecken (siehe Seite 32).

Ernte und Lagerung

Erdbeeren können geerntet werden, sobald sie gleichmäßig rot sind, zum sofort Verzehren auch zur wärmsten Tageszeit. Will man sie noch einige Zeit im Kühlschrank lagern, erntet man am besten morgens. Für Konfitüre eignen sich alle Sorten.

SORTEN Frühe: 'Gariguette', 'Honeoye', 'Elvira'; mittelspäte: 'Elsanta', 'Pegasus', 'Korona'; späte: 'Florence', 'Mieze Schindler', 'Symphonie'; Immertragend: 'Ostara', 'Mara des Bois', 'Rosana'.

Wer Erdbeeren in Pflanzsäcken zieht, in die ein Loch geschnitten ist, braucht sich um Mulchen keine Gedanken zu machen.

Erdbeerampel

Sie sind schon etwas ganz Besonderes, diese köstlichen, duftenden Früchte. Wer sie selbst zieht, kann sie genau dann ernten, wenn sie am besten schmecken. In einer Ampel sind Erdbeeren weit weg von gefräßigen Schnecken und lassen sich auch mit geringem Aufwand vor hungrigen Schnäbeln schützen. Mit einem Hängekorb und einem farbenfrohen Wachstuch machen Sie aus Ihrer Erdbeerampel einen echten Hingucker.

In eine Ampel mit 35 cm Durchmesser passen etwa sechs Pflanzen. Weniger sind kein Problem, mehr dagegen ein Risiko, denn stehen sie zu dicht, breitet sich leicht eine Pilzinfektion aus. Kaufen Sie Jungpflanzen wurzelnackt oder mit Ballen. Gepflanzt wird Ende Juli bis Ende August oder gleich im Frühjahr. Damit Erdbeeren gut einwurzeln und im nächsten Jahr gut tragen, zwickt man die Blüten von Exemplaren, die im Frühjahr gesetzt wurden, in der ersten Saison noch ab.

Erdbeeren müssen gut gewässert werden, was im Klartext bedeutet: so gut wie täglich (siehe Seite 70). Füllen Sie dazu aber den Topf in der Mitte der Ampel (siehe Schritt 3 rechts) mit Wasser, statt direkt auf das Substrat zu gießen. Sobald sich die Blüten öffnen, düngt man alle 7–10 Tage mit flüssigem Tomatendünger. Zum Saisonende putzt man Pflanzen aus, entfernt alte Blätter, Triebe und Früchte sowie das Stroh. So sind sie stärker der Kälte ausgesetzt und treten in die Winterruhe, um im nächsten Jahr aus dem Ansatz wieder gut austreiben zu können.

Oben: Bienen werden von Erdbeerblüten magisch angezogen. Sie sind als Bestäuber wichtig, mögen aber keinen Wind, weshalb man die Ampel an einen geschützten Platz hängt.

Links: Am besten sind die Früchte, wenn man sie zur wärmsten Tageszeit erntet. Dazu Stiel abbrechen oder abschneiden. Beeren nicht abziehen, da sie leicht Druckstellen bekommen.

Die Erdbeerampel bepflanzen

Sie brauchen

- ■ Hängekorb mit Einlage
- ■ Stück Wachstuch zum Ausschlagen des Korbs
- ■ Marker und Schere
- ■ Universalerde
- ■ 6 Erdbeerpflanzen
- ■ kleinen Plastiktopf
- ■ Stroh oder Fasermatte

1 Einlage als Schablone verwenden und ihren Umriss auf das Wachstuch zeichnen. Runde Form aus dem Wachstuch ausschneiden.

2 Wachstuch in den Korb legen und am Rand gleichmäßig ausrichten. Einige Löcher hineinstechen. Die Einlage hineingeben und Korb zu zwei Dritteln mit Universalerde füllen.

3 Kleinen Topf mit Abzugslöchern in der Mitte des Korbs versenken – er erleichtert das gleichmäßige Wässern. Erdbeersetzlinge außen herum verteilen und einpflanzen. Vor dem Angießen mehr Erde einfüllen. Von Anfang an regelmäßig wässern und düngen.

4 Sobald die ersten Früchte erscheinen, Substratoberfläche mit Stroh oder einer Fasermatte mulchen, damit die Beeren nicht mit feuchter Erde in Berührung kommen. Mulch verhindert, dass sie faulen, und hält die Feuchtigkeit im Substrat. Daher lieber wenig und öfter wässern.

5 Erdbeeren ernten, sobald sie gleichmäßig rot sind. Pflanzen immer wieder absuchen, damit keine Früchte übersehen werden. Wenn sie überreif werden, faulen sie rasch und müssen sofort entsorgt werden, bevor sie Krankheiten verbreiten.

Gemüse

Tomaten

Tomaten sind ideale Topfpflanzen. Man unterscheidet drei Typen: hohe Stabtomaten, die gestützt und entspitzt werden müssen (siehe Seite 80), Buschtomaten, die weniger Pflege brauchen, und Hängetomaten, die sich bestens für Blumenampeln eignen (siehe Seite 78). Man kann im Frühjahr Pflänzchen kaufen oder sie sich selbst heranziehen, was den Vorteil hat, dass die Auswahl größer ist.

Gefäß
30–45 cm hohe Töpfe mit Tomatenerde oder Pflanzsäcke.

Beim Umtopfen versenkt man die Tomatenpflänzchen bis zu den ersten Blättern. Das fördert die Wurzelbildung.

Das Besprühen mit Wasser und leichte Schütteln der Blüten fördert den Fruchtansatz.

Kultur
1 Ab Anfang April werden 4–5 Samen in einen kleinen Topf in feuchte Aussaaterde gesät und bis zur Keimung mit Frischhaltefolie abgedeckt, damit die Luftfeuchtigkeit darunter hoch bleibt.

2 Stellen Sie den Topf in ein warmes, sonniges Fenster. Binnen 14 Tagen sollte die Saat aufgehen.

3 Die Sämlinge werden in Einzeltöpfe pikiert.

4 Ein paar Wochen später siedelt man sie erneut in größere Töpfe um. Sobald es warm ist und sie draußen in ihre endgültigen Gefäße kommen können, setzt man in jeden Topf eine Tomate (in einen Pflanzsack zwei). Dabei wird jedes Pflänzchen bis zu den ersten Blättern in der Erde versenkt, da es so noch mehr Wurzeln bildet.

5 Anschließend härtet man die Pflänzchen einige Tage lang ab, bevor man sie etwa Mitte Mai an einen sonnigen, hellen Platz draußen stellt.

6 Stabtomaten bindet man während des Wachstums immer wieder an ihre Stütze an. Ziehen Sie den Trieb an einem einzigen Stab und zwicken Sie

Expertentipps

- Wässern Sie so, dass die Erde immer feucht, aber nie staunass ist, sonst werden die Nährstoffe aus dem Substrat geschwemmt und die Tomaten krankheitsanfälliger. Ein Überwässern beeinträchtigt außerdem den Geschmack.

- Tomaten sind reif, wenn sie Farbe bekommen. Was kurz vor dem ersten Frost noch grün ist, erntet man, um es drinnen ausreifen zu lassen.

- Begleitpflanzen tun Tomaten gut: Studentenblumen sollen Weiße Fliegen auf Distanz halten und locken Bienen an, Basilikum gilt als Geschmacksverbesserer und auch Petersilie als günstig.

Hier wachsen Möhren und Tomaten in zwei Etagen in einem Gefäß und nutzen den Platz optimal.

Reife Tomaten können noch eine Weile am Trieb hängen. Im Kühlschrank dagegen verlieren sie ihren Geschmack.

dabei alle Seitentriebe aus den Blattachseln (siehe Seite 81) ab (auch: ausgeizen). Sobald sich fünf Rispen gebildet haben, kappt man die Triebspitze. So haben alle Tomaten noch genug Zeit, bis zum ersten Frost auszureifen. Busch- und Hängetomaten lässt man frei wachsen – sie brauchen weder gestützt noch ausgegeizt zu werden.

7 Wichtig ist gutes Wässern und eine wöchentliche Gabe von Tomatenflüssigdünger ab der Blüte.

Probleme

Die meisten Probleme kann man durch regelmäßiges, maßvolles Wässern und Düngen auf ein Minimum begrenzen. Unregelmäßiges Gießen lässt die Früchte platzen und kann – zusammen mit Kalziummangel – außerdem zur Blütenendfäule führen, bei welcher der Blütenansatz der Früchte dunkelbraun wird. Risse in Früchten beeinträchti-

gen nicht den Geschmack. Im Lauf des Sommers tritt oft die Kraut- und Braunfäule in Form schokoladenbrauner Blattflecken und schwarzer Triebe (siehe Seite 35) auf. Beim ersten Anzeichen erntet man alle Früchte und lässt sie drinnen weiterreifen.

Ernte und Lagerung

Reife Tomaten können getrost noch ein paar Tage an der Pflanze hängen – so bleiben sie garantiert frisch. Bei Zimmertemperatur halten sie 4–5 Tage, doch kann man sie auch als Püree oder Sauce zubereiten. Sie lassen sich ferner trocknen, zu Chutney verarbeiten und einlegen.

SORTEN Buschtomaten: 'Balkonstar', 'Legend', 'Primabella'; Stabtomaten: 'Mirabelle', 'Hellfrucht', 'Sungold Select'; Hängetomaten: 'Tasty Tumbler', Tumbling Tom Red'.

Tomatenampel

Blumenampeln sind die Lösung für alle, die keinen Standplatz mehr für Töpfe haben. Vertikale Flächen lassen sich mit solchen hängenden Gärten gut nutzen. Sie sehen fantastisch aus und liefern sogar hohe Erträge. Im Handel bekommt man Busch- und Hängetomaten, die speziell für kleine Töpfe und Ampeln gezüchtet wurden. Sie wachsen über die Ränder und tragen dabei viele süße, aromatische Früchte. Außerdem brauchen sie fast keine Pflege.

Gut geeignet ist ein Hängekorb mit einer Einlage aus Kokos anstelle der traditionellen Moosauskleidung. Ein rundes Stück Folie, aus einem alten Müllbeutel ausgeschnitten und in die Ampel gelegt, verringert den Wasserverlust. Tomaten sind hungrig und durstig – eine Pflanze pro 35-cm-Korb reicht also. Beim Bepflanzen stellt man den Korb auf ein großes Gefäß, damit er stabil sitzt. Ideal ist Universalerde, denn tonhaltiges Substrat wird zu schwer, wenn es sich mit Wasser vollsaugt. Damit die Ampel an heißen Sommertagen bis abends ohne Wässern durchhält, mischt man vor dem Bepflanzen Wasser speicherndes Granulat in die Erde. Sie muss stets feucht bleiben (siehe Seite 76), was bedeutet, dass man oft täglich zur Gießkanne greifen muss. Ab der Blüte düngt man wöchentlich mit Tomatendünger.

Gegenüber: Eine Tomatenampel kann ebenso gut aussehen wie ein Topf voller Sommerblumen. Man hängt ihn möglichst in die Nähe der Küche.

Tomatenampeln bepflanzen

Sie brauchen

■ Hängekorb ■ Einlage aus Kokosfasern ■ Plastikfolie, kreisförmig aus einem Müllsack ausgeschnitten ■ Universalerde ■ Wasser speicherndes Granulat ■ evtl. Langzeitdünger ■ Buschtomate (siehe Seite 77)

1 Einlage so in den Korb legen, dass sie mit den Rändern abschließt. Boden mit der Folie aus dem Müllsack auskleiden. Korb zu etwa zwei Dritteln mit Universalerde füllen.

2 Etwas Wasser speicherndes Granulat nach den Empfehlungen des Herstellers in die Erde mischen. Auch etwas Langzeitdünger kann in dieser Phase noch dazugegeben werden (siehe Seite 15).

3 Tomate so tief in die Korbmitte pflanzen, dass die ersten Blätter knapp über der Substratoberfläche sitzen. Weiter Erde einfüllen, dabei immer wieder festdrücken. Einige Zentimeter Abstand zwischen Rand und Erde lassen, um besser wässern zu können. Gut angießen.

4 Ab dem Erscheinen der ersten Blüten wöchentlich Flüssigdünger ins Gießwasser geben. (Unsere Tomate hat bereits geblüht, weshalb wir sie gleich nach dem Einpflanzen düngen konnten.) Erde durch regelmäßiges Wässern ständig leicht feucht halten.

5 Tomaten schmecken frisch vom Trieb und noch sonnenwarm am besten.

Tomate im Rosentopf

Der Geschmack einer Tomate frisch vom Trieb ist nicht zu toppen. Selbst der besten gekauften Ware fehlt dieser kräftige, süß-würzige Geschmack. Nicht umsonst gehören Tomaten zum beliebtesten Gemüse. Damit sie optimale Bedingungen vorfinden und möglichst viele Früchte ansetzen, kombiniert man sie mit Begleitpflanzen wie der Studentenblume (*Tagetes patula*) und Basilikum. Basilikum soll Weiße Fliegen fernhalten und sogar den Geschmack der Tomaten intensivieren, während Studentenblumen Bienen anlocken.

Hunderte von Tomatensorten sind inzwischen erhältlich. Die Palette reicht von der zarten Kirschtomate bis zur stattlichen Fleischtomate. Alle können im zeitigen Frühjahr unter Glas in kleine Töpfe gesät und auf einer warmen, sonnigen Fensterbank zum Keimen gebracht werden. Nach Pikieren und späterem Umtopfen kommen sie etwa Mitte Mai ins Freiland. Alternativ kann man Setzlinge bestellen oder aus dem Gartencenter kaufen. Sie werden vor dem Auspflanzen ein paar Tage abgehärtet und dann an den wärmsten, sonnigsten Platz im Garten gestellt. Pro Gefäß sollte man nur ein einziges Exemplar kultivieren, denn Tomaten sind hungrig und durstig. Ihr Substrat darf nicht austrocknen, weshalb man bei Hitze täglich wässern muss.

Sie sollten wissen, zu welcher Gruppe Ihre Tomate gehört – ob Stab-, Busch- oder Hängetomate –, da sie unterschiedlich behandelt werden. Sobald die Blüten erscheinen, düngt man wöchentlich mit einem flüssigen Tomatendünger.

Oben: Ernten Sie Tomaten erst, wenn sie kräftig rot sind. Sie reifen entlang des Triebs gleichmäßig aus. Gegessen werden sie am besten sofort nach dem Ernten.

Links: Durch das Anbinden des Haupttriebs an die Stütze und regelmäßiges Abzwicken von Seitentrieben entsteht eine hohe, schlanke Pflanze.

Rosentopf bepflanzen

Sie brauchen

- Kleine Töpfe, Aussaaterde, Stabtomatensamen, Frischhaltefolie)
- Rosentopf (»Long Tom«)
- Dränagematerial (Seite 15)
- Tomatenerde
- Bambusstäbe und Schnur
- 3 Basilikum, 3 *Tagetes*

1 Im zeitigen Frühjahr 4–5 Samen in einen kleinen Topf mit feuchter Aussaaterde säen. Mit Frischhaltefolie abdecken und auf eine sonnige Fensterbank stellen. Erde stets feucht halten. Sämlinge später vereinzeln (siehe Seite 76). Weiterkultivieren, bis es draußen warm ist.

2 Etwa Mitte Mai den Boden eines hohen, schlanken Topfs (im Handel mitunter als Rosentopf oder »Long Tom« erhältlich) mit Dränagematerial bedecken und mit Tomatenerde füllen. Ein Tomatenpflänzchen bis zu den ersten Blättern einpflanzen. Gut angießen.

3 Stab in die Erde drücken und Pflanze daran festbinden. Um die Tomate Basilikum und Studentenblumen pflanzen. Wieder wässern und mulchen. Ggf. weitere zuvor ausgesäte Tomatenpflanzen ebenso in andere Töpfe setzen.

4 Tomatentrieb nach und nach an die Stütze binden. Pflänzchen regelmäßig wässern und düngen. Die Spitzen des Basilikums abzwicken, damit es buschiger wächst und nicht blüht. Basilikumblätter regelmäßig abernten.

5 Seitentriebe in den Blattachseln am Haupttrieb abzwicken. Sobald die Pflanze fünf Fruchtstände entwickelt hat, die Spitze des Haupttriebs zwei Blätter oberhalb des letzten Fruchtstands abzwicken. Reife Tomaten nach und nach ernten.

Auberginen

Auberginen schmecken nicht nur, sie sind mit ihren exotischen, violetten Blüten, glänzenden Früchten und daunig behaarten Blättern auch schön anzusehen. Es gibt Sorten in den verschiedensten Farben und Größen, die aber alle den gleichen köstlichen, cremigen Geschmack haben.

Gefäß
Benötigt wird ein 30-cm-Topf pro Pflanze und gute Universalerde. Zwergsorten passen auch in kleinere Gefäße. Einen Pflanzsack kann man gleich mit drei Exemplaren bestücken.

Kultur
1 Auberginen brauchen lange, heiße Sommer. Kaufen Sie am besten Sorten mit kleinen, schlanken Früchten, die schneller reifen. Setzlinge und vor allem veredelte Exemplare schaffen es in der Regel bis zur Reife.

2 Will man Auberginen durch Aussaat kultivieren, sät man im März und stellt den Topf bei 20 °C in ein warmes Fenster. Erde nicht austrocknen lassen.

3 Sobald sich die Pflänzchen umtopfen lassen, kommen sie in Einzeltöpfe. Nach dem Abhärten kann man sie in ihren endgültigen Topf setzen.

Reife Auberginen wie diese schmecken am besten, wenn sie in Scheiben geschnitten mit etwas Olivenöl gegrillt werden.

4 Als Standort wählt man den heißesten, sonnigsten Platz, etwa vor einer warmen Wand.

5 Ab dem Fruchtansatz düngt man wöchentlich mit Tomatendünger in flüssiger Form.

Probleme
Besprühen Sie das Laub täglich, um einen Befall durch die Rote Spinnmilbe zu verhindern. Blattläuse werden weggerieben (Seite 34). Von Grauschimmel befallenen Wuchs schneidet man ab. Regelmäßiges Wässern verhindert Blütenendfäule.

Ernte und Lagerung
Geerntet werden die Früchte, wenn sie Farbe bekommen haben und glänzen. Sie halten sich im Kühlschrank etwa zwei Wochen, man kann sie aber auch einlegen oder als Paste einfrieren.

SORTEN 'Bambino', 'Blaukönigin', 'De Barbentane', 'Madonna', 'Ophelia', 'Slim Jim'.

Expertentipps

- Sobald die Pflanze 30 cm hoch ist, zwickt man den Haupttrieb ab.
- Großfrüchtige Sorten werden gestützt.
- Man fördert den Fruchtansatz, wenn man die Blüten schüttelt, mit Wasser besprüht oder eine nach der anderen bepinselt.
- Blütenblätter, die an Früchten kleben, werden entfernt, um Schimmel zu verhindern.
- Zwicken Sie die unteren Blätter ab, sobald die Früchte erscheinen.

Paprika und Chilis

Ob süße Gemüsepaprika oder scharfe Chilis, das Gemüse anzubauen lohnt sich auf jeden Fall – es braucht allerdings eine lange, sonnige Saison. Zwischen Paprika aus dem Handel und selbst gezogenen Früchten liegen Welten. Wer Paprika früh auf den Weg bringen will, kauft sich Setzlinge oder veredelte Exemplare. Mit ihnen erhöht man die Chance auf eine erfolgreiche Ernte enorm.

Gefäß

Paprika brauchen einen 30-cm-Topf mit Universalerde und guter Dränage. Jede Pflanze bekommt ihr eigenes Gefäß. In Pflanzsäcke passen drei Exemplare. Sehr kompakte Sorten wachsen auch in Ampeln.

Kultur

1 Man kauft entweder Setzlinge (siehe Seite 86) oder sät ab Februar drinnen aus (Seite 87).

2 Wichtig ist gutes Wässern und Geduld – es kann eine Weile dauern, bis die Samen keimen.

3 Stellen Sie später die Pflanze an einen warmen, sonnigen Platz, etwa vor eine Südmauer (siehe Seite 86). Oder ziehen Sie die Paprika unter Glas.

4 Bei Trockenheit muss regelmäßig gewässert werden. Ab der Blüte wird gedüngt.

Probleme

So gut wie keine.

Ernte und Lagerung

Es gibt Paprika zwar in allerlei Farben, meist aber sind sie zunächst grün und später rot. Man kann sie in beliebigem Reifezustand – ob grün oder rot – ernten und frisch oder zubereitet genießen.

SORTEN Chilis: 'Apache', 'Beni Highland', 'Black Pearl', 'Chenzo', 'Filius Blue', 'Hungarian Hot Wax'; Paprika: 'Bontempi', 'Gourmet', 'Langer Süßer', 'Marconi Rosso', 'Purple Beauty', 'Ophelia'.

Zwicken Sie die Triebspitze der Pflanzen ab, sobald sie fünf Blattpaare haben oder 20 cm hoch sind. Das fördert einen buschigen Wuchs und die Bildung vieler Früchte.

Einige Schoten sollten grün geerntet werden, um die Pflanze zur Bildung weiterer Früchte anzuregen. Den Rest kann man bis zum Saisonende ausreifen und rot werden lassen.

Expertentipps

- Zwicken Sie die Triebspitzen ab, damit die Pflanzen buschiger wachsen.
- Indem man eine Blüte nach der anderen bepinselt, fördert man die Bestäubung.
- Viele Chilis und Paprika können im Warmhaus oder Wintergarten überwintern und im Frühjahr zeitig in die Saison starten.

Auberginen anbauen

Auberginen von der Gemüsetheke sind nicht billig – und reichen geschmacklich längst nicht an die heran, die man selbst zieht. Für großfrüchtige Sorten braucht man allerdings große Gefäße, die ins Geld gehen können. Weichen Sie daher auf andere voluminöse Container wie schwarze Plastikkisten aus. Sie ergänzen die dunklen Früchte auch optisch.

Auberginen brauchen eine sehr lange, heiße Saison. Wenn es eine Pflanze gibt, die man mit Setzlingen aus der Gärtnerei statt durch Aussaat auf den Weg bringen sollte, dann sie. Vor allem in unserem gemäßigten Klima muss man mit allen Tricks arbeiten, um sie reif zu bekommen. Kaufen Sie die Pflänzchen, sobald sie im Handel erhältlich sind. Sie werden umgetopft und auf eine helle, warme Fensterbank gestellt, bis es draußen so warm ist, dass man sie in der Kiste hinausstellen kann.

Der heißeste Platz ist für Auberginen gerade gut genug. Sobald sie etwa 30 cm hoch sind, zwickt man die Spitzen ab (gegenüber), damit sie buschig wachsen. Ab der Blüte werden sie wöchentlich mit Tomatenflüssigdünger genährt. Um die Bestäubung zu unterstützen, streicht man mit einem Pinsel über alle Blüten (siehe Seite 82). Sorten mit großen Früchten müssen gestützt werden.

Gegenüber: Ernten Sie Auberginen, sobald sie glänzend blauschwarz sind. Später werden sie bitter.

Eine Auberginenkiste bepflanzen

Sie brauchen
- Schwarze Aufbewahrungskiste aus Kunststoff
- Schraubenzieher oder Bohrer
- Dränagematerial (Seite 15)
- Universalerde
- 2 Auberginenpflanzen (siehe Seite 82)

1 Kiste mit Abzugslöchern versehen, falls diese noch nicht vorhanden sind. Nach dem Bohren der Löcher eine Lage Dränagematerial in die Kiste geben. Kiste zu zwei Dritteln mit Erde füllen.

2 Pflanzen in ihren Töpfen in die Kiste stellen, um die optimale Pflanztiefe herauszufinden – sie sollten so tief wie im Topf zuvor stehen. Jede Pflanze aus dem alten Topf ziehen und in die Kiste pflanzen, dabei ggf. zusätzliche Erde nachfüllen. Angießen und mulchen.

3 Vor allem großfrüchtige Auberginen brauchen besonders in Gefäßen viel Nährstoffe und Wasser. Daher Erde nie austrocknen lassen. Vor Schnecken schützen (siehe Seite 32). Einmal wöchentlich einen Flüssigdünger ins Gießwasser geben.

4 Sobald die Pflanzen etwa 30 cm hoch sind, Triebspitze mit den Fingern abzwicken, um sie zu frischem, buschigem Wuchs anzuregen. Dadurch lassen sich auch schneller und früher größere Früchte ernten.

5 Früchte am besten jung und glänzend ernten, sonst werden sie innen schwammig und entwickeln Unmengen bitterer Samen. Eine frühe Ernte fördert außerdem die Blüte und Ausreifung weiterer Früchte.

Feuertöpfe

Mit der Schärfe von Chilis lässt sich so manches Gericht in Schwung bringen, doch auch einen Garten können die Schoten aufpeppen. Man sollte ihnen ein Pflanzgefäß geben, das etwas hermacht, etwa klassische Tontöpfe anstelle schlichter Plastikware. Für manchen wird die Zucht der Schoten zur Obsession, umso mehr, als inzwischen Hunderte von Sorten erhältlich sind. Legen Sie sich ein Arsenal zu, und Sie sind bis ins nächste Jahr versorgt.

Chilis werden im Spätwinter ab Anfang Februar ausgesät, und je früher man damit beginnt, desto länger haben die Pflanzen Zeit zu reifen. Man kann auch Setzlinge im Gartencenter oder Online-Handel kaufen, doch ist die Auswahl an Farben und Formen dort wesentlich geringer als bei Spezialanbietern von Saatgut. Frische Aussaaten deckt man mit Frischhaltefolie ab, um die Luftfeuchtigkeit hoch zu halten und die Keimung zu fördern. Außerdem muss das Substrat immer feucht bleiben. Draußen weist man den Gewächsen einen geschützten, sonnigen Platz zu – je heißer, desto besser. Das Abzwicken von Triebspitzen regt sie zu buschigerem Wuchs und damit höherem Fruchtansatz an (siehe Seite 83). Große, schwer mit Schoten beladene Exemplare müssen ggf. mit Stäben gestützt werden. Ab der Blüte brauchen Chilis wöchentlich einen Tomatendünger. Man kann den Bienen etwas Arbeit abnehmen, indem man mit einem Pinsel oder Wattestäbchen sukzessive über alle Blüten streicht. Wenn Sie die ersten Schoten ausreifen lassen, fällt die Ernte wesentlich geringer aus. Zupfen Sie sie daher noch grün ab – und die Pflanzen werden bis in den Herbst hinein tragen.

Oben: Schön sieht es aus, wenn man Chilis an einer Schnur auffädelt und die Girlanden an einem warmen Ort trocknet.

Links: Je schärfer die Schoten, etwa die der Sorte Habanero (im rechten Topf), desto länger brauchen sie zum Reifen. Das sollte man in unseren kühlen Breiten berücksichtigen.

Chilis aussäen

Sie brauchen
- Kleine Töpfe zum Aussäen und Umtopfen ■ Aussaaterde
- Chilisamen – drei Sorten (siehe Seite 83) ■ Frischhalte-folie ■ Tontopf mit mindestens 30 cm Durchmesser ■ Bambus-stäbe und Schnur ■ Dränage-material (siehe Seite 15)

1 Töpfe mit einem Durchmesser von 7 cm mit Erde füllen. Erde leicht festdrücken, um Lufteinschlüsse zu vermeiden. Vor dem Ansäen wässern. Zwei Samen pro Topf aussäen. Samen leicht mit Erde bedecken.

2 Erneut vorsichtig wässern und Töpfe mit Frischhaltefolie abdecken. Auf eine warme, helle Fensterbank stellen. Folie nach dem Keimen abnehmen. Sobald die Sämlinge ein zweites Blattpaar entwickeln, schwächeren auszupfen, sodass nur ein Pflänzchen pro Topf bleibt.

3 Wenn die Pflänzchen etwa 12 cm hoch sind, in größere Töpfe umsetzen. Mit 20 cm Höhe jede Pflanze zum Stützen an einen kurzen Bambusstab binden. Vor Schneckenfraß schützen (siehe Seite 32).

4 Sobald keine Fröste mehr drohen, die Pflanzen in ihre endgültigen Töpfe umsiedeln. Topfboden mit einer guten Lage Dränagematerial bedecken, dann Topf mit Erde füllen und Chilis einpflanzen. Jede Pflanze stützen. Anfangs evtl. mit einer Folienhaube abdecken.

5 Pflanzen regelmäßig wässern und düngen. Die ersten Schoten nicht rot werden lassen, sondern noch grün abzwicken. So setzen die Pflanzen mehr Schoten an, die man dann ausreifen und rot werden lassen kann.

Zucchini

Zucchini gehören zu den Sprintern unter den Gemüsesorten. Sie sind unkompliziert und liefern hohe Erträge. Wenn man sich ansieht, wie viel sie im Handel kosten, lohnt sich ihr Anbau auf jeden Fall. Für guten Fruchtansatz braucht man allerdings zwei Pflanzen. Im Gemüsebeet nehmen Zucchini viel Platz weg, trotzdem sind sie mit einem großen Topf zufrieden, vor allem wenn man eine kompakte Sorte wählt.

Gefäß

Zucchini sind hungrige, durstige Gewächse und brauchen daher einen mindestens 50 cm breiten Topf oder einen Pflanzsack. Mischen Sie gut verrotteten Stallmist oder Kompost und etwas Langzeitdünger unter das Substrat.

Kultur

1 Ausgesät wird drinnen ab Anfang April, doch kann man auch Pflänzchen kaufen. Stecken Sie 2–3 Samen 2–3 cm tief und hochkant in das Substrat. Wichtig ist ein warmer, sonniger Platz.

2 Später auf einen Sämling pro Topf ausdünnen.

3 Die Erde sollte immer feucht bleiben, vor allem wenn die Früchte wachsen. Wässern Sie nicht direkt auf die Pflanzen, damit sie nicht faulen.

4 Sobald die Früchte erscheinen, wird alle paar Wochen gedüngt.

Ernten Sie die Zucchini, solange sie noch jung und klein sind. Dann setzt die Pflanze immer neue Früchte an.

Probleme

Schützen Sie Zucchini vor Schnecken. Vor allem im Sommer muss gut gewässert werden.

Ernten Sie Zucchini nach Möglichkeit mit den Blüten noch an der Frucht. Die Blüten können gebraten oder in Salate gegeben werden.

Ernte und Lagerung

Geerntet werden Zucchini vom Hochsommer bis weit in den Herbst hinein, idealerweise mit etwa 10 cm Länge. Zupfen Sie sie regelmäßig ab, damit sie nicht zu groß werden. Sie werden frisch, gehackt oder blanchiert genossen und eingefroren. Man kann sie auch einlegen und einkochen.

SORTEN Busch: 'Gold Rush', 'Patiostar', 'Costates Romanesco', 'Tondo Chiaro di Nizza', 'Venus'; kletternd: 'Black Forest', 'Tromboncino'.

Gurken

Gurken sind dankbare Geschöpfe. Sie stellen wenig Ansprüche und bedanken sich für Sonne und eine Kletterhilfe mit vielen schönen Blüten und Früchten. Die langen Salat- bzw. Schlangengurken mit glatter Schale brauchen feuchtwarme Bedingungen im Gewächshaus, die leicht stacheligen Freilandgurken kommen auch in gemäßigtem Klima draußen zurecht.

Gefäß

Gurken werden einzeln in Töpfen, Kästen, Trögen oder Pflanzsäcken kultiviert. Wichtig ist lediglich ein Wurzelraum von mindestens 30 cm Breite und 20 cm Tiefe. Lockeres, humoses Substrat ist ideal.

Kultur

1 Säen Sie ab Mitte Mai, bei Bodentemperaturen von 13 °C direkt draußen in den Endtopf, oder kaufen Sie Setzlinge. Die Samen werden hochkant gesät, damit sie nicht faulen (siehe Seite 91).

2 Wichtig ist ein warmer, geschützter Platz. Eine Mulchschicht hält die Feuchtigkeit im Boden.

3 Man hält das Substrat dauerhaft feucht, wässert allerdings nicht direkt auf die Pflanzen (Seite 90).

Gurken sind dekorative, exotisch wirkende Pflanzen mit großen, tropischen Blättern, goldgelben Blüten und vielen Früchten.

4 Lange, glattschalige Sorten werden an Stangenzelten, Stäben oder Rankgittern gezogen. Kleinere Formen kann man kriechend wachsen lassen.

5 Sobald sich erste Früchte zeigen, düngt man alle zwei Wochen mit flüssigem Tomatendünger.

Probleme

Die Pflanzen müssen vor Schnecken geschützt werden (siehe Seite 32) und stets ein feuchtes Substrat haben, um Echten Mehltau zu vermeiden (siehe Seite 34). Besprühen Sie dazu auch die Blätter, entfernen Sie befallenes Laub sofort.

Ernte und Lagerung

Gurken jung ernten, da sonst die Schale hart wird. Im Kühlschrank halten sie sich eine Woche.

SORTEN Gewächshaus: 'Bella', 'Euphya', 'Helena'; Freiland: 'Crystal Lemon', 'Marketmore', 'Ministar', 'Rawa'.

Expertentipps

- Bei glattschaligen F1-Sorten sind alle Pflanzen weiblich. Ansonsten müsste man alle männlichen Blüten entfernen, wenn man die Samenbildung in den Früchten verhindern will.

- Gurken vertragen keine Wurzelstörung. Deshalb setzt man sie gleich ins endgültige Gefäß oder in biologisch abbaubare Töpfe, um sie nicht umpflanzen zu müssen.

- Eine Manschette um den Ansatz verhindert, dass die Pflanzen faulen (Seite 91).

- Triebspitzen abzwicken, damit die Pflanze ihre Energie in den Fruchtansatz steckt.

Kletter-gurke

Eine einzige Gurke im Kübel versorgt Sie den ganzen Sommer mit knackig frischen Früchten, ja, Sie haben womöglich sogar Probleme, alles zu verwerten. Trotz ihres exotischen Aussehens lassen sich Gurken überraschend simpel kultivieren. Wärme, Nahrung, Wasser – mehr ist nicht nötig!

Erwerben Sie aber eine freilandtaugliche Sorte, denn Gewächshausgurken kommen draußen nicht zurecht (siehe Seite 89). Zudem vertragen Gurken keine Störung ihres Wurzelraums. Will man sie durch Aussaat heranziehen, sät man sie daher in biologisch abbaubare Töpfe, damit man sie mitsamt ihren Gefäßen einpflanzen kann. Bevor man sie an einen sonnigen, geschützten Platz stellt, werden die Setzlinge einige Tage lang an die Bedingungen draußen gewöhnt. Eine weitere Möglichkeit ist, sie ab Mai direkt draußen zu säen und erst mit einer Abdeckung zu schützen oder gleich im Gewächshaus zu kultivieren.

Sobald die Gurkenpflanze sieben Blätter entwickelt hat, wird die Spitze des Triebs abgezwickt. Dann führt man die Seitentriebe an einem Stangenzelt hoch und zwickt blütenlose Triebe nach fünf Blättern ab. Durch die vertikale Kultur spart man viel Platz. Man kann Gurken jedoch auch über die Topfränder wachsen und über den Boden kriechen lassen. Weil sie fast nur aus Wasser bestehen, sind sie sehr durstig, leider aber anfällig für Fäule, weshalb man nicht direkt auf die Pflanze gießen sollte. Nach dem Fruchtansatz brauchen sie alle zwei Wochen einen Tomatendünger.

Eine Gurkenpflanze mit mehreren Früchten kann sehr schwer werden. Sie muss also gut an ihre Stütze angebunden werden, die wiederum fest im Topf stecken sollte.

Gurken aussäen und auspflanzen

Sie brauchen

■ Kleine Biotöpfe ■ Aussaat- und Universalerde ■ Gurkensamen (siehe Seite 89) ■ Frischhaltefolie ■ 30–40 cm breiten und tiefen Topf ■ Dränagematerial (siehe Seite 15); ■ Manschette aus einem alten Plastiktopf ■ Stangenzelt ■ Schnur

1 In jeden mit Aussaaterde gefüllten Biotopf zwei Samen hochkant pflanzen. Mit Frischhaltefolie abdecken und auf eine warme, helle Fensterbank stellen. Nach dem Keimen der Samen Folie abnehmen. Den schwächeren Sämling auszupfen.

2 Sämling einpflanzen, sobald er größer ist. Dazu mitsamt dem Biotopf neben der Mitte in einen mit Dränagematerial und Universalerde gefüllten Topf setzen. Der Wurzelballen muss mit der Substratoberfläche abschließen. Von einem alten Plastiktopf den Boden entfernen.

3 Den Topf ohne Boden als Manschette um das Gurkenpflänzchen stellen. Gut angießen und mulchen. Stangenzelt in die Mitte des Topfs stecken. Pflänzchen gut vor Schnecken schützen (siehe Seite 32).

4 Den wachsenden Gurkentrieb immer wieder an das Stangenzelt binden. Gut wässern (siehe Seite 89) und regelmäßig düngen. Ranken abzwicken, damit die Pflanze ihre Energie in den Blüten- und Fruchtansatz steckt.

5 Gurken mit einem scharfen Messer abschneiden. Sie können in jeder beliebigen Größe geerntet werden, lässt man sie aber zu groß werden, schmecken sie nicht mehr so gut und verlieren ihre Festigkeit.

Kürbisse

Erfüllt man ihre Bedürfnisse, dann sind Kürbisse unkompliziert. Sie sehen fantastisch aus und halten sich gut, sodass man sie nach dem Ernten noch lange lagern kann. Es gibt sie in einer unüberschaubaren Zahl verschiedenster Formen, Größen und Farben. Sie lassen sich kletternd oder kriechend ziehen. Auch kompakte, buschige Formen sind erhältlich.

Gefäß
Reservieren Sie für jede Pflanze, je nach Kürbisgröße, einen 50-cm-Topf, füllen Sie ihn mit 3 Teilen Gemüseerde auf 1 Teil gut verrotteten Stallmist oder Komposterde. In einen Pflanzsack passen bis zu zwei Kürbispflanzen.

Kultur
1 Draußen wird im Mai ausgesät, 2–3 cm tief.

Expertentipps

- Säen Sie die Samen hochkant, damit sie nicht faulen.
- Sorten mit schweren Früchten zieht man kriechend, da sie schwer zu stützen sind.
- Bei Nässe dürfen die Früchte nicht auf feuchten Flächen aufliegen.

2 Säen Sie zwei Samen und bedecken Sie den Topf so lang wie möglich mit einer Pflanzglocke. Der schwächere Sämling wird ausgezupft.

3 Alternativ pflanzen Sie gekaufte, abgehärtete Jungpflanzen nach den letzten Frösten aus.

4 Halten Sie den Boden stets feucht, aber wässern Sie um die Pflanzen herum und nicht direkt auf sie. Mulch speichert Feuchtigkeit im Substrat.

5 Kletternde Sorten brauchen als Stütze ein Stangenzelt.

6 Ab dem Fruchtansatz alle paar Wochen mit Flüssigvolldünger oder Pflanzenjauche düngen.

Probleme
Vor allem Jungpflanzen müssen vor Schnecken geschützt werden (sehe Seite 32).

Ernte und Lagerung
Kürbisse sollten so lang wie möglich an der Pflanze bleiben, wenn man sie lagern will. Sonst erntet man laufend. Beim Abschneiden vor dem ersten Frost einen kurzen Stiel an der Frucht lassen. Gelagert wird trocken und kühl.

SORTEN 'Baby Bear', 'Early Butternut', 'Goldapfel', 'Harrier', 'Hawk', 'Hunter', 'Rondini', 'Roter Zentner', 'Sweet Dumpling', 'Uchiki Kuri'.

Lässt man Kürbisse an einem Stangenzelt oder anderen Stützen hochranken, liegt die reifende Frucht (hier ein Butternut-Kürbis) im Herbst nicht auf dem feuchten Boden.

Süßkartoffeln

Süßkartoffeln sind nicht mit unseren Kartoffeln verwandt, sondern gehören zur Familie der Winden. Die unterirdischen Speicherknollen dieser Kletterpflanzen bleiben lange in der Erde, im Topf aber nehmen sie nicht viel Platz weg. Nach dem Einpflanzen kann man sie größtenteils sich selbst überlassen. Inzwischen gibt es auch robustere Sorten für den Anbau in unserem Klima.

Gefäß

Ideal ist ein großes, 60 cm breites Gefäß mit vielen Abzugslöchern und einem 50:50-Mix aus Sand und Universalerde. Ein großer, schwarzer Kunststofftrog ist hierzulande ideal, da er sich in der Sonne stärker aufheizt als ein heller.

Kultur

1 Süßkartoffeln werden durch Setzlinge, Stecklinge oder Knollen vermehrt.

2 Die Stecklinge kommen in kleine Töpfe, werden gewässert und auf eine Fensterbank gestellt.

3 Vor dem Umpflanzen in ihre endgültigen Töpfe an einem sonnigen Platz härtet man sie ab.

4 Am besten schützt man sie zusätzlich noch eine Weile mit einer Folienabdeckung (siehe Seite 95) oder mit Vlies.

5 Düngen Sie ab Juni jede zweite Woche mit Flüssigvolldünger. Bei Trockenheit wird gut gewässert.

Süßkartoffeln liefern höhere Erträge und größere Knollen, wenn man ihnen eine Kletterhilfe, z. B. Stangengerüste, bietet.

Expertentipps

- Die Triebe werden an einem über der Topfmitte platzierten Stangenzelt hochgeführt und mit einer Schnur angebunden.
- Süßkartoffeln vertragen keinen Frost, daher erntet man sie im Herbst rechtzeitig.

In heißen Sommern belohnen Sie Süßkartoffeln auch noch mit schönen Blüten.

Probleme

Schnecken mögen die Blätter. Starten Sie im Dunkeln gelegentliche Suchaktionen und entfernen Sie sie.

Ernte und Lagerung

Es kann bis zu fünf Monate dauern, bis Kartoffeln erntereif sind. Man erkennt es am welkenden Laub (siehe Seite 95). Lassen Sie die Knollen ein paar Tage an einem warmen Platz liegen, damit die Schale hart wird. Dann kommen sie an einen kühlen, dunklen Ort. Auch das Laub und junge Triebe schmecken; man erntet sie nach Bedarf.

SORTEN 'Beauregard', 'Blacky', 'Georgia Jet', 'Marguerite', 'Sweet Caroline Purple'.

Süßkartoffeln im Sack

Die rankenden Winden können sich stark ausbreiten, wenn man sie nicht im Zaum hält. Sie werden daher am besten in hohe Gefäße oder Säcke gepflanzt, damit ihre Wurzeln nicht ungehindert weiterwachsen können. Genutzt werden die schmackhaften Knollen, aber auch die Blätter und jungen Triebe, die man wie Spinat zubereiten kann. Zupfen Sie jedoch nicht zu viele ab, sonst fällt die Knollenernte geringer aus.

Süßkartoffeln werden aus Stecklingen, Jungpflanzen oder Saatkartoffeln gezogen. Stecklinge müssen erst bewurzelt werden, bevor sie in ihr endgültiges Gefäß kommen. In unseren kühlen Breiten ist wegen der kurzen Saison die Anzucht aus Jungpflanzen daher vorteilhafter: Sie können ab Ende Mai gleich in ihren Topf gesetzt werden. Süßkartoffeln brauchen ein nährstoffreiches, durchlässiges Substrat, das man aus Universalerde und Sand mischt (siehe Seite 93). Um zu gedeihen, ist viel Wärme und etwas zusätzlicher Schutz nötig. Verwenden Sie deshalb bei kühler Witterung so lange wie möglich Abdeckungen.

Süßkartoffeln wuchern, brauchen aber wesentlich weniger Platz, wenn man sie an Stützen hochzieht. Das verhindert auch, dass ihre Triebe überall einwurzeln, sobald die Knoten den Boden berühren, und Sie viele kleine statt wenige große Knollen ernten. Wachsende Triebe werden gelegentlich an ihre Stütze zurückgeführt.

Süßkartoffeln sind durstig und brauchen regelmäßig Wasser, doch sollte man es nicht übertreiben – nasse Böden vertragen sie nicht. Alle paar Wochen sollten sie gedüngt werden.

Um Süßkartoffeln in der nächsten Saison früh vortreiben zu können, nimmt man zum Sommerende Sprossstecklinge, lässt sie in Wasser bewurzeln und überwintert sie eingetopft.

Süßkartoffeln sind einnehmende, exotische Kletterpflanzen und sehen ganz anders aus als unsere traditionellen Kartoffeln. Auch die Blätter sind essbar.

Süßkartoffeln pflanzen

Sie brauchen

- Stecklinge
- Großes Wasserglas
- Topf oder Wurzeltrainer
- Aussaat- und Universalerde
- Sand
- Pflanzsack für Kartoffeln und Abdeckung
- Bambusstäbe und Schnur

1 Stecklinge gleich nach dem Eintreffen auspacken. Sie sehen evtl. etwas welk und mitgenommen aus und sollten über Nacht in ein Glas Wasser gestellt werden, damit sie sich erholen.

2 Am nächsten Tag Stecklinge bis zum ersten Blattansatz in einen hohen Topf oder Wurzeltrainer mit einer Aussaaterde-Sand-Mischung pflanzen. Gut wässern. 2–3 Wochen unter Glas vortreiben, bis sie ein Wurzelsystem entwickelt haben.

3 Pflanzsack mit einer Mischung aus Universalerde und Sand füllen und Stecklinge in gleichmäßigen Abständen dem Rand entlang einpflanzen. In einen 60-l-Sack sollten 5 Pflänzchen, in einen 50-cm-Topf 5–6 Exemplare passen. Gut wässern.

4 Jungpflanzen so lange wie möglich mit einer Abdeckung schützen. Ab Juni regelmäßig düngen, wässern. Nach dem Abnehmen der Abdeckung den Pflanzen eine Kletterhilfe aus zeltförmig aufgestellten Bambusstäben bieten. Jedem Pflänzchen einen Stab zuweisen.

5 Knollen vorsichtig ernten, um sie nicht zu verletzen. Vor dem ersten Frost aufnehmen, da sie sonst erfrieren und unbrauchbar werden. Einige Tage lang an einem luftigen Platz mit viel Luftfeuchtigkeit lagern. In Kiste oder offenen Folienbeuteln kühl lagern.

Kartoffeln

Kartoffeln beanspruchen im Freiland einigen Platz, doch gedeihen sie auch in ausreichend tiefen Gefäßen erstaunlich gut, wenngleich dort keine Riesenerträge zu erwarten sind. Wählen Sie den Topf sorgfältig aus und nehmen Sie die schmackhaften, selteneren Frühkartoffeln, die relativ teuer sind. Frühkartoffeln werden, wie der Name schon sagt, zeitig geerntet, was außerdem den Vorteil hat, dass die Gefahr eines Befalls mit der Kraut- und Knollenfäule geringer ist.

Gefäß

Kartoffeln können in so ziemlich jedem Gefäß – Pflanzsäcken, Gummikübeln, Kartoffeltürmen, ja sogar alten Erdsäcken – angebaut werden, sofern es mindestens 40 cm breit und tief und mit durchlässigem Substrat plus Gartenkompost gefüllt ist.

Kartoffeln werden geerntet, indem man die Gefäße einfach ausschüttet oder die Knollen vorsichtig ausgräbt.

Kultur

1 Kartoffeln werden vorgekeimt, also schon vor dem Pflanzen zum Austreiben gebracht. Dazu legt man sie in Eierkartons oder Schalen an einen kühlen, hellen Ort, sodass das Ende mit den meisten Augen nach oben zeigt (siehe Seite 98). Sobald die Triebe 2–3 cm lang sind, kommen die Knollen in die Erde.

2 Je nach Typ pflanzt man Kartoffeln ab dem zeitigen Frühjahr (siehe Seite 98). Das Gefäß kommt an einen sonnigen Platz und wird mit einer 20 cm dicken Schicht aus Substrat und Kompost befüllt, auf die man etwas Bio-Dünger streut (siehe Seite 99). Pflanzen Sie die Knollen in die Erde – zwei pro 40-cm-Gefäß reichen – und decken Sie sie mit 10 cm Substrat ab. Anschließend wird gewässert.

3 Wenn die Pflanzen 10–15 cm hoch sind, um Triebe und Blätter Erde anhäufeln, nach 3–4 Wochen wiederholen, sodass das Substrat fast unter den Topfrand reicht.

4 Kartoffeln brauchen konstant Wasser, um reiche Ernte zu liefern. Vor allem zu Beginn der Topfkultur wird gut gewässert.

Probleme

Das größte Problem ist die Kraut- und Knollenfäule – diese Pilzkrankheit kann einen ganzen Bestand vernichten (siehe S. 35). Sie tritt vor allem bei warmer, feuchter Witterung auf und befällt Kartoffeln meist ab Juni/Juli. Man vermeidet sie daher

Vorgekeimte Kartoffeln kommen gut mit Pflanzsäcken zurecht. Wenn die Pflanzen höher werden, rollt man nach und nach die Seiten der Säcke hoch und füllt Erde auf.

durch Pflanzen früher Sorten. Sobald sich braune Flecken auf dem Laub zeigen, schneidet man den gesamten Wuchs ab, damit die Krankheit nicht auf die Knollen übergreift. Lassen Sie die Kartoffeln noch etwa zwei Wochen im Topf, bis sich ihre Schalen härten – meist sind sie noch brauchbar. Falls ab Juli Kartoffelkäfer auftreten, sammelt man die Käfer und Larven am besten ab. Kartoffelschorf ist eher ein optisches Problem.

Ernte und Lagerung

Frühkartoffeln können geerntet werden, sobald sie blühen. Der Ertrag wird jedoch größer, wenn man sie wachsen läßt, bis das Laub welkt. Sobald das Laub gelb wird, schneidet man es ab und lässt die Kartoffeln noch etwa eine Woche im Boden. Nach dem Ernten sollten sie noch ein paar Stunden in der Sonne liegen. Gelagert werden müssen sie aber dunkel und luftig.

Je länger Spätkartoffeln im Boden bleiben, desto größer werden die Knollen. Allerdings wächst mit der Zeit auch das Risiko eines Befalls durch Krankheiten und Schädlinge.

SORTEN Früh: 'Augusta', 'Finka', 'Gloria', 'Sieglinde'; mittelfrüh: 'Agria', 'Blauer Schwede', 'Nicola', 'Quarta'; spät: 'Aula', 'Bamberger Hörnchen', 'Cara', 'Granola'.

Kartoffeln in Säcken

Kartoffeln wachsen in so ziemlich allem, solange der Behälter nur tief genug ist. Vor allem die großen Taschen und Gartensäcke aus Recyclingmaterial eignen sich als unkomplizierte, dekorative Pflanzgefäße. Sie sind ideal für alle, die nicht viel Platz haben oder das, was ihnen zur Verfügung steht, nicht allein für ein einziges Gemüse reservieren wollen.

Abgesehen von Recyclingsäcken aus porösem Material mit Wasserabzugslöchern kann man vorgekeimte Kartoffeln auch in speziellen Kartoffeltöpfen, -türmen oder anderen hohen Töpfen ziehen. Um im Sommer zu ernten, pflanzt man ab Mitte April und deckt mit Vlies ab oder wartet bis Anfang Mai. Ist der Platz knapp, kultiviert man am besten besonders gut schmeckende Edelkartoffeln. Empfehlenswert sind Sorten mit guter Widerstandskraft gegen Kraut- und Knollenfäule. In einem Substrat aus Universalerde und gutem Gartenkompost mit Zugabe von etwas langsam wirkendem Bio-Dünger gedeihen Kartoffeln bestens. Stellen Sie die Behälter an einen sonnigen Platz. Vor der Ernte von Frühkartoffeln tastet man die Knollen im Substrat erst vorsichtig ab, um zu sehen, ob sie groß genug sind. Andernfalls lässt man sie noch eine Woche reifen.

Gegenüber: Kartoffeln müssen sauber und trocken eingelagert werden. Dazu lässt man sie ein paar Stunden in der Sonne liegen, bis die Erdreste an ihnen getrocknet sind. Sind sie noch feucht, wenn sie ins Lager kommen, faulen sie.

Einen Kartoffelsack bepflanzen

Sie brauchen
- 2–4 Saatkartoffeln pro Sack
- Eierkarton oder Saatschale
- Kartoffelturm, Recyclingtasche oder hohes Pflanzgefäß
- Universalerde und Kompost
- Bio-Dünger

1 Kartoffeln vorkeimen. Dazu die Knollen in alte Eierkartons oder Saatschalen legen und an einen kühlen, hellen Platz stellen. Das Ende, an dem sich die meisten Augen befinden, muss nach oben zeigen.

2 Die vorgekeimten Kartoffeln ab April pflanzen, wenn die Triebe 2–3 cm lang sind. Auf den Boden der Säcke mit Wasserabzugslöchern eine 20 cm hohe Schicht Erde geben, eine Portion Bio-Dünger hinzufügen.

3 Die vorgekeimten Kartoffeln mit den Trieben nach oben in die Erde stecken und mit 10 cm Erde bedecken. Gut wässern, jedoch auf jeden Fall Staunässe vermeiden.

4 Nach etwa 3 Wochen Erde nachfüllen und die Triebe und Blätter dabei damit bedecken. Nach 3 bis 4 Wochen wiederholen. Die Erde soll bis maximal 5 cm unter den Rand der Tasche reichen.

5 Tasche bei Trockenheit und vor allem während der Blüte gut wässern. Frühkartoffeln ab der Blütezeit oder nach Welken des Laubs ernten, späte Sorten ein bis zwei Wochen nach dem Absterben des Laubs.

Rote Bete

Rote Bete schmeckt jung und zart köstlich, doch hat das gesunde, vielseitige Wurzelgemüse einen weiteren Vorteil: Seine spinatartigen Blätter sind ebenfalls essbar. Man kann Rote Bete gut im Gefäß ziehen. Sät man sie dicht aus, bekommt man reichlich kleine, süße Knollen. Außerdem sind sie eine vorzügliche Zwischenfrucht, die ausgebracht und geerntet werden kann, während man auf andere Genüsse wartet (siehe Seite 102). Wer konstant versorgt werden will, sät wenig und öfter.

Gefäß
Benötigt wird ein großes, 30–40 cm breites Gefäß mit Universalerde. Je größer der Topf, desto besser hält er Feuchtigkeit – und Rote Bete mag es feucht.

Kultur
1 Ausgesät wird von Mitte April bis Ende Juli alle paar Wochen.

2 Dünnen Sie die Sämlinge regelmäßig aus.

3 Gutes Wässern ist wichtig.

Expertentipps

- Säen Sie nicht zu früh, sonst keimt Rote Bete unzuverlässig – ab Mitte April reicht.
- Die Blätter werden nicht abgeschnitten, sondern abgedreht, damit die Wunden nicht bluten (siehe Seite 102).

Probleme
Ideal sind bei früher Aussaat Sorten, die nicht zum Schossen neigen, denn kühle Witterung kann sie zu vorzeitiger Blüte anregen. Auch zu trockene Erde führt zu Blütenbildung.

Ernte und Lagerung
Die Beten werden geerntet, sobald sie golfballgroß oder größer sind, und frisch, gerieben, gekocht oder eingelegt genossen. Das Laub bereitet man wie Mangold zu (siehe Seite 113).

SORTEN 'Bull's Blood', 'Burpees Golden', 'Robuschka', 'Rote Kugel', 'Tonda di Chioggia'.

Je mehr Platz man den einzelnen Sämlingen beim Ausdünnen zugesteht, desto größer werden später die Knollen.

Die Rote Bete gehört zu den wenigen Gemüsesorten, die doppelte Ernte – Blätter und Wurzeln – liefern.

Möhren

Selbst gezogene Möhren sind herrlich süß. Sie lassen sich gut in Töpfen ziehen, ja, im Gefäß erspart man sich sogar einige Probleme, mit denen man sich in steinigen oder schweren Freilandböden herumschlagen muss. Auch der Möhrenfliege kann man sich leichter erwehren, wenn man das Gemüse im Topf zieht. Sorten mit kurzen Wurzeln und kurzer Reifezeit können als Zwischenfrucht genutzt werden.

Gefäß

Als Lebensraum eignet sich jedes mindestens 30 cm tiefe Gefäß. Ideal ist Universalerde auf einer Bodenschicht aus Sand, denn Möhren brauchen leichtes, durchlässiges Substrat.

Kultur

1 Möhren können von März bis Mitte Juli ausgesät werden (siehe Seite 105).

2 Sät man dünn aus, erspart man sich später das Auszupfen der Sämlinge. Die Aussaat der winzigen Samen fällt leichter, wenn man sie mit Sand mischt, der zudem den Wasserabzug verbessert.

3 Wer öfters ernten will, sät mehrmals aus.

4 Möhren vertragen zwar Trockenheit, trotzdem sollte man wässern, damit die Wurzeln nicht holzig werden. Bringen Sie eine Mulchschicht auf.

Probleme

Möhrenfliegen werden vom Geruch verletzter

Wenn man nicht gerade alle auf einmal erntet, sollte man sie nicht tagsüber aus der Erde holen, denn damit lockt man die Möhrenfliege an. Abends ist das Befallsrisiko geringer.

Blätter angelockt, berühren Sie das Kraut deshalb so wenig wie möglich. Ausgedünnt, gewässert und geerntet wird am besten abends.

Ernte und Lagerung

Frühe Sorten werden zwölf, späte 16 Wochen nach der Aussaat geerntet. Möhren schmecken frisch am besten, manche Sorten können aber in Sand eingeschlagen oder blanchiert eingefroren werden.

SORTEN Früh: 'Amsterdam', 'Pariser Markt', 'Duwicker'; mittelfrüh: 'Nantaise', 'St. Valery', 'Yellowstone' (können alle auch später gesät werden).

Expertentipps

- Frühe Möhren werden kaum von Möhrenfliegen befallen. Knoblauch oder Zwiebelgewächse dazugepflanzt oder Kulturschutznetze halten sie zudem ab.
- Späte Sorten eignen sich am besten zum Einlagern.

Rote-Bete-Reigen

Rote Bete ist erfrischend einfach anzubauen, schmeckt großartig und macht mit ihren frischgrünen, rot geäderten und bestielten Blättern auch noch eine gute Figur. Dicht ausgesät liefern sie zarte süße Rüben, die fast aus dem Topf hüpfen!

Es gibt noch viel mehr Rote-Bete-Sorten als nur die runden, rubinroten Wurzeln, die jeder kennt, zum Beispiel weiße, gestreifte, goldgelbe und lange, schmale Formen. Sie werden alle gleich angebaut, allerdings eignen sich runde Sorten besser für die Topfkultur. Man sät das Gemüse von April bis Ende Juli, denn wenn man es zu früh ausbringt, keimt es schlecht. Wer es aber nicht erwarten kann, treibt es drinnen in Multitöpfen oder unter Abdeckungen vor.

Um fast lückenlos versorgt zu werden, sollte man alle paar Wochen einen neuen Topf ansäen und an einen sonnigen Platz stellen. Rote Bete verträgt allerdings auch Halbschatten.

Die meisten Betesamen sind Klumpen aus mehreren Samen. Das heißt, dass sie nach dem Keimen bald ausgedünnt werden müssen, damit die einzelnen Pflänzchen Platz haben. Dazu schneidet man die überschüssigen Sämlinge mit der Schere ab, um die restlichen nicht zu stören. Sobald die Sämlinge etwa 2 cm hoch sind, werden sie erneut auf 5–10 cm Abstand ausgedünnt. Je enger sie stehen, desto kleiner bleiben die Rüben.

Bei der Ernte nimmt man die Beten beim Blätterschopf und dreht das Laub ab. So »bluten« die Wurzeln weniger stark als beim Abschneiden mit einem Messer. Man kann die Wurzeln unterschiedlich verwerten (siehe Seite 100). Junge Blätter eignen sich für Salate, ältere kann man in der Küche wie Spinat dämpfen.

Rote Bete gedeiht problemlos im Topf, muss allerdings regelmäßig gewässert werden – vor allem bei Trockenheit, Hitze und wenn die Rüben zu wachsen beginnen.

Rote Bete aussäen

Sie brauchen

- Tontopf, mindestens 30 cm breit und tief
- Universalerde
- Dränagematerial wie Styroporstücke, Kies oder Tonscherben
- Rote-Bete-Samen, etwa 'Burpee's Golden' oder 'Rote Kugel' (siehe Seite 100)
- Bio-Dünger

1 Topfboden mit Dränagematerial bedecken. Topferde, mit Zugabe von langsam wirkendem Biodünger nach Packungsangabe, einfüllen und mit den Fingerspitzen festdrücken. Zwischen Topfrand und Substrat 5 cm Abstand lassen.

2 Erde vor dem Ansäen wässern. Samen dünn auf der Oberfläche verteilen und mit einer 1 cm dicken Substratschicht abdecken. Nach dem Ansäen noch einmal mit feiner Brause vorsichtig wässern.

3 Substrat feucht halten. Nach zwei bis drei Wochen sollten die Samen keimen. Regelmäßig ausdünnen, sodass die Sämlinge, wenn sie etwa 2 cm hoch sind, schon 5 cm Abstand zueinander haben. Auch später noch gut wässern.

4 Zarte Babywurzeln ernten, sobald sie radieschengroß sind. Am Blätterschopf aus der Erde ziehen, ohne die verbleibenden Wurzeln zu stören – so bekommen sie mehr Raum zum Wachsen.

Möhren und Schnittlauch

Süße, knackige Möhren alias Karotten gehören zu den unkompliziertesten Gemüsestars für die Topfkultur. Im Gefäß kann man ihnen genau die leichte, stark durchlässige, steinlose Erde bieten, die sie brauchen. Um sie vor der gefürchteten Möhrenfliege zu schützen, kann man ihren Duft durch Mischpflanzung mit Zwiebelpflanzen wie Schnittlauch (*Allium schoenoprasum*) kaschieren, die am Topfrand platziert werden. Außerdem kann man sie mit Kulturschutznetzen abdecken – beides funktioniert im Freiland ebenfalls.

Möhren werden direkt in ihren endgültigen Topf gesät, denn wie jedes Wurzelgemüse reagieren sie ausgesprochen beleidigt auf ein Umpflanzen und können Schaden dabei nehmen. Warten Sie, bis die Temperaturen im Frühjahr dauerhaft über 5 °C liegen, denn darunter keimen die Samen nicht; je kühler es ist, desto kleiner und blasser bleiben die Möhren außerdem. Man stellt sie an einen warmen, geschützten Platz und wässert gut, um ihnen optimale Keimbedingungen zu bieten. Wer alle drei Wochen einen Topf ansät, hat den ganzen Sommer über einen Vorrat und muss nicht auf einmal mit einer Möhrenschwemme fertigwerden.

Im ständigen Kampf gegen Schädlinge und Krankheiten tun Hobbygärtner gut daran, sich Verbündete zu suchen und Möhren mit anderen Gemüsepflanzen zu kombinieren. Wachsen beispielsweise Zwiebelgewächse wie Speisezwiebeln, Knoblauch oder Schnittlauch in unmittelbarer Nachbarschaft, verwirrt der Zwiebelgeruch die Möhrenfliege, die ihr eigentliches Ziel nicht mehr findet. Schnittlauch kann man außerdem ebenfalls gleich in der Küche, für Salate oder Frühkartoffeln, nutzen. Die essbaren Blüten von Schnittlauch (siehe Seite 140) sind eine gute Bienenweide und locken nützliche Bestäuber in den Garten.

Möhren und Schnittlauch sind ein ideales Gespann. Da Schnittlauch mehrjährig wächst und im Topf bleiben kann, muss nur der Platz der Möhren neu vergeben werden.

Möhren ansäen in Schnittlauchbegleitung

Sie brauchen
- Schnittlauchhorst
- Tontopf, glasiert, mit mindestens 20 cm Durchmesser und 30 cm Tiefe
- Gartenkies als Dränagematerial
- Universal- bzw. Blumenerde
- Möhrensamen
- Sand für Substrat und Aussaat

1 Schnittlauch im Topf wässern. Aus dem Topf holen und in mehrere kleinere Horste teilen. Dazu großen Horst mit den Fingern auseinanderziehen und die beiden Hälften erneut in zwei oder drei Horste teilen.

2 Den Boden des Topfs mit etwas Kies bedecken. Anschließend Topf zu zwei Dritteln mit Substrat, gemischt mit ein Viertel Sand, füllen. Die Schnittlauchhorste gleichmäßig entlang des Rands verteilen und dabei noch etwas Erde bis 5 cm unter den Topfrand auffüllen.

3 Substrat wässern. Möhrensamen mit Sand mischen und dünn auf dem Substrat verteilen. Noch etwas Substrat darüberstreuen. Erde feucht halten, um die Keimung zu fördern. Später kommen Möhren mit weniger Wasser zurecht, doch bei Trockenheit brauchen auch sie Nachschub.

4 Möhren leicht ausdünnen, indem man einige sehr jung erntet (siehe Seite 101) – die Babymöhren können als Salatzutat verwendet werden. Schnittlauchblätter bei Bedarf abschneiden. Die übrigen Möhren ernten, sobald sie etwas größer geworden sind.

Pastinaken

Pastinaken fordern etwas Geduld ein. Sie keimen nicht immer zuverlässig und reifen nur langsam. Sobald sie aber eingewachsen sind, hat man es leicht mit ihnen. Man widmet ihnen entweder einen Topf oder sät sie in Reihen ins Freiland und kombiniert sie dort mit Schnellstartern wie Radieschen und Blattsalat. Pastinaken können im Erdreich bleiben, bis sie benötigt werden – Frost macht sie sogar süßer. Man kann sie dann ernten, wenn der Boden wieder offen ist.

Gefäß

Pastinaken setzt man in große, mindestens 40 cm tiefe Gefäße, da sowohl die Wurzeln als auch das Kraut Platz brauchen. Als Substrat verwendet man eine Mischung aus 1 Teil Sand und 3 Teilen Universalerde.

Kultur

1 Säen Sie im Reihenabstand von 20 cm aus, in der Reihe alle 7 cm drei Samen. Auf einem geschützten Balkon kann von Ende März bis Ende Juni ausgesät werden.

2 Sind die Sämlinge 2 cm hoch, dünnt man auf ein Pflänzchen alle 5–7 cm aus.

3 Wässern Sie gut und halten Sie die Topferde feucht, damit die Wurzeln keine Risse bekommen.

Probleme

Normalerweise keine.

Ernte und Lagerung

Pastinaken können ausgegraben werden, wenn im Winter das Laub einzieht. Traditionell wird aber schon nach dem ersten Frost geerntet. Die Wurzeln werden geschält und frisch gekocht oder geschält, geschnitten, blanchiert und eingefroren.

SORTEN 'Arrow', 'Halblange Weiße', 'Javellin', 'Mitra', 'Tender and True', 'White King'.

Pastinaken sind je nach Aussaattermin ab Hochsommer erntereif. Lässt man sie im Topf, bis sie gebraucht werden, steigt das Risiko eines Befalls durch die Möhrenfliege.

Expertentipps

- Pastinakensamen muss jedes Jahr frisch gekauft werden.

- Wer schon im Spätwinter sät, wärmt den Boden mit Abdeckungen und nimmt sie erst ab, wenn die Sämlinge größer sind.

Radieschen & Rettiche

Kein Gemüse ist schneller reif und leichter zu kultivieren als Radieschen. Nicht umsonst gehören sie zu den Stammspielern der meisten Küchengärten! Sie sind unkompliziert und in weniger als einem Monat erntereif, während ihre größeren Verwandten, die Rettiche, länger brauchen. Radieschen können im Verlauf der Saison mehrmals gesät und zwischen anderem Gemüse wie Pastinaken platziert werden.

Gefäß
Für Radieschen 15 cm, für Rettiche 30 cm tiefe Gefäße mit Universalerde.

Kultur
1 Ausgesät wird vom zeitigen Frühjahr bis zum August an einem offenen, sonnigen Standort. Rettiche vertragen etwas Schatten.

2 Radieschen werden im Topf in 3–5 cm Abstand ausgesät, Rettiche brauchen 20 cm Abstand.

3 Topferde feucht halten, sonst gehen sie vorzeitig in Blüte und bilden keine Radieschen.

Probleme
Erdflöhe können viel Schaden anrichten und winzige Löcher in die Blätter von Sämlingen fressen (siehe Seite 35). Schützen kann man die Pflänzchen mit Netzen. Auch Schnecken richten Schaden an (siehe Seite 32). Die Erde darf nicht austrocknen, da Radieschen sonst platzen oder schossen.

Ernte und Lagerung
Sommersorten des Rettichs werden am besten jung geerntet und frisch gegessen. Die späten Sorten erntet man bei Bedarf oder holt sie vor dem Frost alle heraus und lagert sie ein. Für essbare Schoten lässt man die Pflanzen blühen.

SORTEN Radieschen: 'Amethyst', 'Cherry Belle', 'French Breakfast', 'Eiszapfen', 'Pink Beauty'; Rettiche: 'Runder schwarzer Winter', 'Red Meat'.

Entweder dünnt man die Sämlinge gleich aus, damit die Wurzeln Platz haben, oder man erntet etwas später Babyrettiche.

Radieschen schmecken mild oder pfeffrig scharf. Man knabbert sie frisch geerntet oder schneidet sie in Salate.

Lauch

Lauch (Porree) ist ein vorzügliches Wintergemüse und gar nicht so schwer anzubauen, wenn man ein paar Dinge beherzigt. Für die Topfkultur gibt es Spezialsorten, die man klein erntet oder zu normal großen Stangen ausreifen lässt.

Gefäß
Mischen Sie in einem großen, mindestens 30 cm tiefen Topf 2 Teile Kompost mit 2 Teilen Topferde. Pflanzsäcke sind für Lauch nicht tief genug. Für Babylauch reichen auch kleinere Töpfe.

Ein Bestand an Lauch im Hochbeet oder großen Topf sollte einen Haushalt mit etlichen Stangen versorgen.

Kultur
1 Im Frühjahr wird Lauch mit 10–15 cm Abstand gleich in den endgültigen Topf gesät. Wichtig ist ein nicht so warmer Platz – sonst wird er krankheitsanfällig. Babylauch sät man während der Saison alle paar Wochen mit 3 cm Abstand.

2 Lassen Sie zwischen Erde und Topfrand noch gut Platz – er wird nach und nach durch das Häufeln zum Bleichen der Stangen aufgefüllt.

3 Regelmäßiges Wässern ist erforderlich.

4 Im Hoch- und Spätsommer bekommt Lauch Pflanzenjauche oder einen Flüssigdünger.

Probleme
Lauch ist wie alle Zwiebelgewächse anfällig für Rost, das Problem ist aber überwiegend ein optisches. Gefördert wird Lauchrost durch schlechte Luftzirkulation, daher die Töpfe nicht zu voll stopfen, maßvoll düngen.

Ernte und Lagerung
Babylauch erntet man bleistiftdick. Stangen der Haupternte werden ab Herbst geerntet und frisch gegessen, denn sie müssen nicht eingelagert werden, sondern können bis zum Frühjahr draußen bleiben. Sofern bis dahin noch welche übrig sind!

SORTEN 'Atlanta', 'Blaugrüner Herbst', 'Blaugrüner Winter Avano', 'Früher Sommer', 'Hilari', 'King Richard', 'Musselburgh', 'Schweizer Riesen', 'Siegfried'.

Expertentipps

- Beim Anhäufeln von Substrat um die Stangen sollte keine Erde zwischen die Blätter fallen.

- Wo Lauchmotten ein Problem sind, deckt man Jungpflanzen mit Vlies ab, um eine Eiablage zu verhindern.

Zwiebeln und Schalotten

Zwiebeln gibt es im Handel preiswert zu kaufen. Weil sie Monate brauchen, bis sie reif sind, lohnt sich ihr Anbau daher nur, wenn man weniger gängige Sorten wie rote Zwiebeln, milde Schalotten und Frühlingszwiebeln (siehe Seite 110) anbaut. Dazu eignen sich einige kurze Reihen in einem Trog oder zwischen anderen Gemüsesorten. Bei Schalotten und vor allem Frühlingszwiebeln ist die Ernte zahlreicher, aber die Zwiebeln sind kleiner. Frühlingszwiebeln eignen sich auch als Zwischenfrucht.

Gefäß

Für eine lohnenswerte Ernte braucht man ein großes, mindestens 20 cm tiefes Gefäß. Benötigt wird eine Mischung aus drei Teilen Universalerde und einem Teil Kompost.

Kultur

1 Es gibt zwar Samen zu kaufen, doch leichter und schneller ist – Frühlingszwiebeln ausgenommen – die Kultur aus Steckzwiebeln. Sie werden ab Anfang April mit 10 cm Abstand gesteckt. Das spitze Ende lässt man noch aus der Erde ragen. Angießen. Frühlingszwiebeln werden in mehreren Sätzen ab März gesät.

2 Zwiebeln schossen bei Trockenheit. Eine Mulchschicht speichert Bodenfeuchtigkeit.

Eine einfache Kiste mit Frühlingszwiebeln liefert frische Würze für die unterschiedlichsten Gerichte.

Zwiebeln werden nach der Ernte in der Sonne oder an einem überdachten Platz getrocknet und erst dann eingelagert.

Probleme

Feuchtwarme Bedingungen und zu dichte Bepflanzung können Rost und Falschen Mehltau begünstigen. Als Vorbeugung an windoffenen Stellen platzieren. Wässern Sie vormittags und sorgen Sie für viel Licht und Luft.

Ernte und Lagerung

Frühlingszwiebeln sind 8–10 Wochen nach der Aussaat erntereif. Zwiebeln und Schalotten können geerntet werden, wenn das Laub umfällt. Man nimmt sie dann mit einer Handgabel auf, um sie in der Sonne oder bei Regen auf einem luftigen Dachboden oder an einem überdachten Platz nachzutrocknen. Eingelagert werden sie an einem kühlen, trockenen Ort; sie halten sich monatelang.

SORTEN Zwiebeln: 'Kamal', 'Stuttgarter Riesen', 'Sturon'; Schalotten: 'Red Sun', 'Longor'; Frühlingszwiebeln: 'Kaigaro', 'White Lisbon'.

Expertentipp

■ Vor dem Pflanzen werden lose Schalen von den Zwiebeln entfernt.

Ein Korb voll Zwiebeln

Zwiebeln – also Speisezwiebeln, Schalotten und Frühlingszwiebeln – gehören zu den vielseitigsten Gemüsesorten: Man findet für sie leicht jeden Tag Verwendung in der Küche. Ein Topf deckt zwar den Bedarf nicht, doch macht ihr Anbau Spaß und ist nicht schwer. Mit ihren aufrechten, bereiften Blättern sind sie zudem ein ungewöhnlicher Topfschmuck. Besonders schön kommen sie vor dem Schwarz dieses Korbs aus Altreifen zur Geltung.

Wo Platz Mangelware ist, entscheidet man sich am besten für ungewöhnlichere Sorten wie rote Zwiebeln und Schalotten, die im Handel einiges kosten, sowie ein paar Frühlingszwiebeln. Im März gesäte Frühlingszwiebeln sind ab Ende Mai reif. Knoblauch-Schnittlauch steuert milde Schärfe bei und kann bis in den Herbst geerntet werden. Speisezwiebeln und Schalotten werden je nach Sorte im Herbst oder der ersten Frühjahrshälfte als Steckzwiebeln gepflanzt. Sie brauchen humose, nährstoffreiche Erde und ein sonniges Plätzchen. Bis zur vollständigen Entwicklung der Zwiebeln ist der Bedarf an Wasser am größten – danach werden sie gar nicht mehr gewässert, Schalotten benötigen grundsätzlich weniger Wasser als Speisezwiebeln. Man erntet sowohl Speisezwiebeln als auch Schalotten nach dem Umknicken der Blätter, lässt sie in der Sonne trocknen und lagert sie schließlich ein.

Oben: Frühlingszwiebeln zieht man etwa acht Wochen nach der Aussaat einfach aus der Erde. Man genießt sie am besten frisch – sie bereichern Salate mit ihrem milden Zwiebelbiss.

Links: Zu dicht darf der Korb nicht bepflanzt werden, denn wenn die Luft nicht gut zirkulieren kann, steigt die Gefahr einer Pilzerkrankung.

Den Zwiebelkorb bepflanzen

Sie brauchen

- Henkelkorb aus Altreifen
- Bohrmaschine
- Gartenkies
- Universalerde mit Kompost
- Bio-Gemüsedünger
- Sand
- Steckzwiebeln von roten Speisezwiebeln und Schalotten, Knoblauch-Schnittlauch-Pflänzchen, Frühlingzwiebelsamen

1 In den Boden des Korbs ein paar Abzugslöcher bohren. Boden mit Kies bedecken. Korb mit Mischung aus zwei Dritteln Universalerde und einem Drittel Kompost füllen, etwas langsam wirkenden Biodünger untermischen. Korb bis 5–10 cm unter den Rand füllen, um gut wässern zu können.

2 Substrat gleichmäßig verteilen und festdrücken. Mit Sand vier Viertel markieren. Die Steckzwiebeln von Speisezwiebeln und Schalotten vorsichtig in jeweils ein Viertel drücken, sodass die Spitzen aus dem Substrat herausragen. Angießen.

3 Knoblauch-Schnittlauch im Frühjahr in ein Viertel einpflanzen oder alternativ auch aussäen. Frühlingszwiebeln dünn in das letzte Viertel aussäen. Gut wässern.

4 Zwiebelsorten beschriften, da sie sich ähneln. Während des Wachstums regelmäßig wässern, nach dem Abschneiden des Knoblauch-Schnittlauchs auch die Stöcke gut gießen.

5 Schalotten sind im Juli–August reif, erkennbar am umfallenden, welken Laub (siehe Seite 109). Nach dem Ernten lässt man sie in der Sonne trocknen und lagert sie ein.

Knoblauch

Wer sich an der Knoblauchkultur versucht, hat Auswahl unter einer Vielzahl interessanter Sorten. Generell unterscheidet man zwischen Knoblauch mit kurzen, flechtbaren biegsamen Schäften, vielen kleinen Zehen und guter Lagerfähigkeit und dem Schlangenknoblauch mit härteren, gewundenen Schäften und wesentlich größeren Zehen. Beide Gruppen kommen mit wenig Pflege aus und gedeihen in eigenen Töpfen genauso gut wie zwischen anderem Gemüse.

Gefäß
Ein großer 40 cm breiter Topf mit je zur Hälfte Universalerde und Kompost.

Knoblauch wird am besten im September–Oktober oder im Februar–April gepflanzt. Bei Herbstpflanzungen ist mit einer größeren und früheren Ernte zu rechnen.

Nach dem Ernten lässt man Knoblauch ein paar Tage in der Sonne trocknen, bevor man ihn drinnen kühl einlagert.

Expertentipps

- Falls eine Pflanze einen Stängel mit Brutzwiebeln bekommt, zwickt man ihn ab, damit die Knollen größer werden.
- Erntet man zu spät, gehen die Knollen auseinander und sind weniger haltbar.
- Knoblauch aus dem Supermarkt sollte nicht gepflanzt werden – er gedeiht in unseren Breiten nicht gut, da er zu empfindlich ist. Zudem ist er virusanfälliger.

Kultur
1 Die Zehen werden knapp unter der Substratoberfläche, etwa 5 cm tief, gepflanzt. Gut angießen.

2 Bei Trockenheit wird Knoblauch gewässert, doch sollte man es nicht übertreiben. Sobald das Laub gelb wird, gießt man überhaupt nicht mehr, da die Knollen kurz vor der Reife stehen.

Probleme
Wenn Vögel an den Knollen picken, werden diese mit Vlies abgedeckt. Längere feuchte Witterung kann Rost oder Fäule verursachen. Pflanzen Sie nicht zu dicht, damit Luft zirkulieren kann.

Ernte und Lagerung
Wer grünen Knoblauch ernten möchte, nimmt die Knollen im Frühsommer auf. Bevorzugt man sie reifer, wartet man, bis das Laub gelb wird. Die jungen grünen Blätter kann man für Salate verwerten. Schlangenknoblauch hat gewundene Blütenstände, die man ebenfalls essen kann. Die Zwiebeln werden aufgenommen und in Obstkisten gelagert, echten Knoblauch kann man aber auch flechten und aufhängen.

SORTEN Kleinzehiger Knoblauch: 'Edenrose', 'Flavor', 'Solent Wight', 'Therador'; Schlangenknoblauch: 'Early Wight', 'Rocambole', 'Sprint'.

Mangold

Mangold gehört zu den dekorativsten Gemüsesorten. Er sieht in Töpfen großartig aus, vor allem die Sorten mit leuchtend gefärbten Stielen wie 'Bright Lights' oder 'Rhubarb Chard'. Seine Kultur gelingt leicht und er verträgt ein weites Temperaturspektrum. Weißstielige Sorten sind besonders robust und halten im Winter sogar einige Minusgrade draußen aus bis zur Neuansaat im Frühjahr.

Gefäß

Mangold braucht einen mindestens 20 cm tiefen Topf, denn er hat lange Pfahlwurzeln. Geeignet ist Gemüse- oder Universalerde. Gutes tut man ihm, wenn man auf den Boden des Gefäßes zusätzlich ein paar Schaufeln gut verrotteten Kompost oder Stallmist als Nährstofflieferant gibt.

Kultur

1 Die Aussaat erfolgt ab Ende März bis in den Juli dünn und in einer Tiefe von 2–3 cm. Stellen Sie den Topf an einen offenen, nach Möglichkeit sonnigen Fleck. Wer genügend Platz hat, sät einen zweiten Satz im Hochsommer, der dann bis zum nächsten Frühjahr beerntet werden kann.

2 Mulch verringert die Verdunstung von Feuchtigkeit. Ein- bis zweimal im Sommer nachdüngen.

3 Im Winter ist eine Schutzdecke aus Stroh oder Vlies ratsam.

Probleme

Mangold ist ein zähes Gemüse, gelegentlich wird er von Blattläusen befallen; die Blätter entfernen.

Ernte und Lagerung

Beginnen Sie mit der Mangolderte etwa acht Wochen nach der Aussaat. Man erntet oft und bei Bedarf, sodass immer wieder Blätter nachwachsen. Die äußeren Blätter werden zuerst jung und zart abgeschnitten. Mangold hält im Kühlschrank ein paar Tage, lässt sich aber auch einfrieren.

Mangold ist eine unverwechselbare Nutz- und Zierpflanze, die immer wieder neue essbare Blätter und Stiele austreibt.

Expertentipps

- Lässt man die Pflanze blühen, können die Blütenstängel wie Brokkoli gekocht und gegessen werden.
- Mangold verträgt zwar etwas Schatten, doch ist die Ernte in der Sonne größer.

SORTEN 'Bright Lights', 'Bright Yellow', 'Ewiger Spinat', 'Glatter Silber', 'Lucullus', 'Silberblättriger Breiter', 'Rhubarb Chard', 'Roter Vulkan'.

Spinat

Man kann das wohlschmeckende, gesunde Gemüse jung und zart als Pflücksalat ernten oder größer werden lassen, um es zu kochen. Es wächst das ganze Jahr und ist daher ein gutes Wintergemüse. Neuseelandspinat ist zwar mit unserem Spinat nicht verwandt, schmeckt aber ähnlich und kann auch genauso genutzt werden. Im Gegensatz zu herkömmlichem Spinat schosst er bei Hitze nicht.

Gefäß
Ein 30 cm tiefer Topf mit Universalerde und reichlich reifem Kompost.

Kultur
1 Von Ende Februar bis Mitte September, mit Sommerpause, alle paar Wochen dünn aussäen.

2 Stellen Sie das Gefäß an einen halbschattigen Platz oder zwischen höhere Nutzpflanzen, damit das Substrat nicht zu schnell austrocknet. In voller Sonne gedeiht er bei regelmäßigen Wassergaben.

3 Nur ausdünnen, wenn man großes Laub will.

4 Alternativ zu Kompost etwas Langzeitdünger geben

5 Winterspinat braucht eventuell Schutz.

Probleme
Probleme kommen selten vor. Schnecken können lästig werden (siehe Seite 32).

Expertentipps

- Um ein Schossen durch Hitze und Trockenheit zu vermeiden, sät man ab Ende April nicht mehr. Für Herbsternte sowie Wintersorten Aussaat ab Ende August.

- Frühzeitig ernten, damit die Blätter nicht bitter schmecken. Zu starke Düngung fördert unerwünscht hohen Nitratgehalt.

Ernte und Lagerung
Die Blätter werden geerntet, sobald sie groß genug sind – sie wachsen dann wieder nach. Sie sollten so bald wie möglich verwertet werden.

SORTEN 'Butterfly', 'Gamma', 'Lazio', 'Matador', 'Merlin', 'Red Cardinal', 'Winterriesen'; für Sommeranbau: Neuseeländer Spinat.

Spinat schosst bei trockener Hitze. Er wird daher entweder zeitig im Frühjahr oder wieder ab Ende August angesät.

Frische, junge Blätter können für Salate und Sandwiches verwertet oder für Pfannengerichte genutzt werden.

Rhabarber

Rhabarber kann zu einer beeindruckend stattlichen Pflanze heranwachsen. Dafür braucht er ein großes Gefäß, in beengten Verhältnissen bleibt er kleiner. Man kann ihn auch in Säcken kultivieren. Er stellt wenig Ansprüche, ist winterhart und mehrjährig. Mit etwas zusätzlicher Zuwendung liefert er über einen langen Zeitraum hinweg Stangen.

Gefäß
Ein 60 cm breiter und tiefer Topf mit reichlich Abzugslöchern. Ideal sind alte Mülltonnen.

Kultur
1 Rhabarber wird am besten als junger Stock oder Teilstück eines älteren Exemplars gepflanzt.

2 Man pflanzt ihn von März bis September. Dabei sollte die Knospe gerade noch aus dem Kübelpflanzensubstrat schauen oder nur dünn bedeckt sein (siehe Seite 117). Anschließend gut wässern.

3 Stellen Sie den Topf an einen halbschattigen, frostfreien Platz.

4 Im Frühjahr wird Rhabarber mit gut verrotteter organischer Substanz gemulcht, damit die Feuchtigkeit nicht so schnell verdunstet. Dabei darf der Ansatz nicht bedeckt werden. Regelmäßiges Wässern und Düngen ist unerlässlich.

5 Im Herbst zieht der Rhabarber ein. Decken Sie ihn im ersten Winter mit Laub ab.

Probleme
Hängende Blätter und schwacher Wuchs deuten auf Stängelgrundfäule, eine Pilzkrankheit, hin. Die Pflanze wird ausgegraben und entsorgt.

Ernte und Lagerung
Die Stangen werden abgedreht (siehe Seite 116) und nicht abgeschnitten, damit der Stumpf nicht fault. Ernten Sie immer nur die Hälfte der Stangen auf einmal. Wer früh ernten will, treibt Rhabarber im Winter vor. Dazu werden die Pflanzen mit Stroh und einem umgedrehten Eimer bedeckt. Er wird zu Süßspeisen und Marmelade verarbeitet.

SORTEN 'Canada Red', 'Elmsjuwel', 'Holsteiner Blut', 'Rosara', 'Red Champagne'.

Expertentipps

- Blütenstände werden rechtzeitig entfernt.
- Ernten Sie im ersten Jahr überhaupt keine und im zweiten Jahr nur wenig Stangen, um die Pflanze nicht zu schwächen.
- Wird Rhabarber im Frühjahr vorgetrieben, lässt man ihn die restliche Saison in Ruhe, damit er sich erhohlen kann.
- Nach fünf Jahren werden die Pflanzen mit einem Spaten geteilt.

Rhabarber bringt mit seinen großen, ledrigen Blättern und rubinroten Stängeln einen Hauch von Exotik in Gärten.

Sauer verdient

Die stattliche Staude sieht im Gefäß hervorragend aus und bringt grüne Üppigkeit in sonnige Ecken. Allerdings braucht sie viel Wurzelraum. Alte Mülleimer sind daher als Pflanztopf bestens geeignet, vor allem wenn sie wie dieser auch noch dekorativ aussehen.

Rhabarber wird am besten aus jungen Stöcken gezogen, die man von März bis September pflanzt. Man braucht allerdings etwas Geduld, weil man im ersten Jahr noch nicht ernten darf. Ansonsten braucht Rhabarber gute Versorgung mit Nährstoffen und Wasser, um in den nächsten Jahren eine üppige Ernte zu liefern. Die Pflanze wurzelt ziemlich tief, weshalb hohe Mülleimer gerade richtig als Pflanzgefäß sind. Ein einzelnes Exemplar kommt mit einem 60 cm tiefen und breiten Topf aus. Weil Rhabarber gierig nach Nährstoffen ist, arbeitet man in das Substrat großzügig gut verrotteten Kompost ein und wässert im Sommer ordentlich. Auch in den Folgejahren versorgt man ihn im Frühjahr und im Sommer nach der Ernte mit Kompostgaben oder einem Biodünger. Eine Mulchschicht im Frühjahr verbessert die Wasserspeicherfähigkeit des Substrats (siehe Seite 115). Rhabarber verträgt allerdings keine kalten, nassen Böden. Die Blätter von Rhabarber können ebenfalls zum Mulchen verwendet werden. Beim Ernten berücksichtigt man, nie mehr als ein Drittel der Blattstiele einer Pflanze abzudrehen.

Oben: Die Stangen werden von April bis Ende Juni abgedreht, danach steigt ihr Gehalt an Oxalsäure. Ernten Sie nicht alle gleichzeitig, um die Pflanze nicht unnötig zu schwächen.

Links: Rhabarber kommt gut mit großen, tiefen Gefäßen wie Mülleimern zurecht, sofern das Wasser gut ablaufen kann. Bei Trockenheit im Sommer muss kräftig gewässert werden.

Rhabarber einpflanzen

Sie brauchen
- Klebeband und Bohrmaschine
- Mülleimer
- Dränagematerial (Seite 15)
- Kübelpflanzenerde
- Stallmist oder Komposterde, gut verrottet
- Rhabarberstock

1 Klebebandstücke gleichmäßig verteilt auf den Boden des Mülleimers kleben (sie verhindern, dass der Bohrer abrutscht). Durch das Klebeband Löcher in den Boden bohren. Anschließend Eimer umdrehen und eine Schicht Dränagematerial einfüllen.

2 2 Teile Substrat und 1 Teil gut verrotteten Stallmist oder Kompost mischen. Eimer zu drei Vierteln mit der Mischung füllen.

3 Rhabarberstock einpflanzen, aber nicht zu tief setzen – die Augen sollten sich auf Bodenniveau oder knapp darunter befinden.

4 Gut wässern, damit der Stock einwächst. Mulchen, ohne die Pflanze selbst mit Mulch zu bedecken. Während der Saison regelmäßig wässern, im Winter die Pflanze aber trocken halten. Jedes Frühjahr nach gründlichem Wässern erneut mulchen.

5 Rhabarber im ersten Jahr einwachsen lassen und auch im zweiten Jahr nur einige wenige Stangen ernten (siehe Seite 115).

Busch- und Stangenbohnen

Bohnen gehören zu den schönsten, unkompliziertesten und ertragreichsten Nutzpflanzen. Sie brauchen kaum Pflege und liefern so viele Hülsen, dass man fast Mühe hat, alles zu ernten – bauen Sie deshalb nicht zu viele Exemplare an! Bohnen eignen sich besonders für Gartenneulinge und haben an einem Stangenzelt im Topf sogar einen hohen Zierwert.

Gefäß

Bohnen sind hungrig und brauchen als Substrat eine 1:1-Mischung aus gut verrottetem Kompost und Universalerde. Das Gefäß für Stangenbohnen sollte mindestens 30 cm breit und 40 cm tief und für Buschbohnen wenigstens 15 cm tief und 30 cm breit sein.

Kultur

1 Bohnen sind kälteempfindlich; man sät sie daher erst ab etwa Mitte Mai aus.

2 Der Topf gehört an einen warmen, geschützten, sonnigen Platz.

3 Mit Ausnahme von Zwergsorten werden alle Bohnen gestützt, etwa mit Stäben oder Rankgittern. Die Triebe werden an die Stütze geführt, bis sie sich selbst festhalten können (siehe Seite 121).

4 Das Substrat muss stets feucht gehalten werden. Zum Sommerbeginn hilft eine Mulchschicht, Feuchtigkeit im Boden zu speichern.

5 Zur Blütezeit und während der Fruchtbildung ist der Wasserbedarf am höchsten.

Probleme

Schnecken lieben die frischen Sämlinge und müssen bekämpft werden (siehe Seite 32).

Vögel picken Feuerbohnenblüten an. Die roten schmecken ihnen besser als die weißen.

Blattläuse im Frühsommer kann man von Hand abstreifen (siehe Seite 34), doch sollen auch Studentenblumen die Schädlinge fernhalten.

Ernte und Lagerung

Bei Stangenbohnen dauert die Zeit bis zur Reife länger als bei Buschbohnen. Am allerbesten schmecken sie frisch geerntet, können aber auch blanchiert, eingemacht und eingefroren werden. Regelmäßig ernten fördert die Hülsenbildung.

SORTEN Buschbohnen: 'Amethyst', 'Hestia', 'Maja', 'Marona', 'Purple Teepee', 'Speedy', 'The Prince'; Stangenbohnen: 'Blauhilde', 'Cobra', 'Neckargold', 'Pickwick', 'Tamara', 'Trebona'; Borlottibohnen: 'Borlotto Lingua di Fuoco'.

Expertentipps

- Wassermangel beeinträchtigt den Ertrag. Wässern Sie daher gut und oft.
- Das Besprühen von Stangenbohnenblüten fördert den Fruchtansatz.
- Regelmäßiges Ernten erhöht den Ertrag.

'Hestia' ist eine buschig wachsende Zwerg-Feuerbohne, die speziell für die Topfkultur gezüchtet wurde.

Dicke Bohnen

Dicke Bohnen sind von jeher fester Bestandteil von Gemüsegärten. Sie lassen sich in Töpfen unschwer anbauen, vor allem wenn man Zwergsorten nimmt. Alle Dicken Bohnen sollten jung, zart und süß geerntet werden. Am besten schmecken sie aus dem eigenen Garten.

Gefäß

Dicke Bohnen haben Pfahlwurzeln und brauchen ein mindestens 60 cm tiefes Gefäß mit gutem Wasserabzug. Keimsprossen gedeihen in kleineren Gefäßen. Verwenden Sie Universalerde.

Kultur

1 Dicke Bohnen können schon ab Mitte Februar gesät werden. Die Samen kommen 5 cm tief mit 15–20 cm Abstand in den Boden.

2 Sie vertragen keinen sommerheißen Standort.

3 Höhere Pflanzen werden mit Stäben, Zweigen und einer Schnur gestützt.

4 Das Substrat sollte nicht austrocknen. Vor allem ab der Blüte muss gut gewässert werden. Etwas langsam wirkender Biodünger ist ausreichend.

Probleme

Wenn Pflanzen zu dicht wachsen, droht bei feucht-warmem Wetter die Schokoladenfleckenkrankheit, die sich in dunklen Flecken auf dem Laub äußert, ansonsten aber wenig Schaden anrichtet. Das gilt auch für Fraßschäden durch Erbsen- und Samenkäfer. Mäuse lieben die frisch gesäten Samen, sodass man die Töpfe bis zur Keimung am besten abdeckt. Sämlinge sind anfällig für Schneckenfraß (siehe Seite 32). Der Schwarzen Bohnenlaus wird (siehe Seite 34) durch frühe Aussaat vorgebeugt.

Ernte und Lagerung

Dicke Bohnen können in jedem Stadium von kleinen, zarten Hülsen bis zu großen Bohnensamen genossen werden. Man genießt sie frisch zubereitet oder blanchiert sie und friert sie ein.

Expertentipps

- In milden Gegenden kann man schon im Herbst aussäen und so die Bohnenläuse austricksen.

- Sobald sich die Hülsen bilden, zwickt man die obersten 10 cm der Triebe ab. Dadurch wird der Ertrag erhöht und der für Blattläuse anfälligste Teil der Pflanze entfernt (der gedünstet und mit Butter verfeinert genossen werden kann).

Bei kompakt wachsenden Sorten können Sie auf eine Stütze verzichten, höhere Sorten profitieren von einem Bambusstab oder ganz einfach stabilen Zweigen als Unterstützung.

SORTEN 'Alexia', 'Dreifache Weiße', 'Frühe Weißkeimige', 'Fuego', 'Hangdown', 'Hiverna' (schon Herbstaussaat möglich), 'Julia', 'Perla', 'Ratio'.

Bohne & Sonnenblume

Stangenbohnen und Sonnenblumen sind das Dream-Team schlechthin. Sie fordern lediglich regelmäßiges Wässern ein und belohnen diese Zuwendung mit strahlenden Blüten und einer großzügigen Bohnenernte. Besonders wirkungsvoll kommen sie in diesem quadratischen Granitkübel zur Geltung. Das Projekt eignet sich auch gut für Kinder, die die großen Samen nur zu gern aussäen und den Pflanzen im Sommer staunend beim Wachsen zusehen.

Die Pflanzen werden erst angesät, wenn keine Fröste mehr drohen. Man stellt den Topf an einen sonnigen, geschützten Platz und steckt pro Aussaatstelle zwei Samen in die Erde, um Reserve zu haben, falls einer nicht austreibt. Zwischen

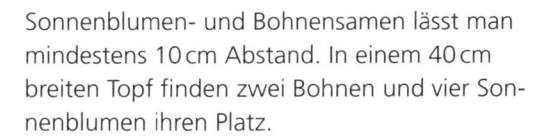

Sonnenblumen- und Bohnensamen lässt man mindestens 10 cm Abstand. In einem 40 cm breiten Topf finden zwei Bohnen und vier Sonnenblumen ihren Platz.

Haben Bohnen die Wahl zwischen Sonnenblumen und Bambusstäben als Stütze, ziehen sie Sonnenblumen vor – vielleicht weil sie sich an den behaarten Stängeln besser festhalten können. Trotzdem stützt man die Sonnenblumen zusätzlich mit Stäben, falls die Bohnen zu schwer werden. Anfangs werden kürzere Stäbe verwendet, die man später durch solche ersetzt, die ungefähr so lang sind wie die voraussichtliche Höhe der Sonnenblumen. Sollte sich der eine oder andere Bohnentrieb an einem kurzen Bambusstab hochranken, führt man ihn zur Sonnenblume zurück. Sobald die höheren Stäbe zum Einsatz kommen, überlässt man es den Bohnen, woran sie sich hochranken. Wenn sie am oberen Ende ihrer Stütze angelangt sind, zwickt man ihre Triebspitze ab, damit sie statt zu wachsen viele Hülsen ansetzen. Wichtig ist regelmäßiges Wässern, denn Bohnen wie Sonnenblumen sind sehr durstig.

Die Blütenblätter der Sonnenblumen können frisch für Salate verwendet werden, die Samen lässt man trocknen. Je häufiger die Bohnen abgeerntet werden, desto fleißiger setzen sie bis zu den ersten Frösten neue Hülsen an.

Diese Pflanzkombination setzt einen unübersehbaren Akzent im Garten und lässt sich ganz einfach pflegen. Sie liefert nicht nur reichlich Bohnen, sondern beeindruckt auch mit strahlenden Blüten.

Bohnen und Sonnenblumen aussäen

Sie brauchen

- Granitkübel mit mindestens 40 cm Durchmesser
- Dränagematerial (Seite 15)
- Germüseerde
- Bohnen- und Sonnenblumensamen
- Kurze und lange Stäbe
- Schnur

1 Boden des Kübels mit Dränagematerial bedecken. Substrat mit Komposterde gemischt bis 5 cm unter den Kübelrand einfüllen. Substrat anfeuchten. Je zwei Samen von jeder Pflanzenart pro Stelle aussäen. Anschließend wässern.

2 Nach der Keimung den schwächeren Sämling auszupfen. Wenn die Pflänzchen höher werden, Stäbe als Stütze für die Sonnenblumen in das Substrat drücken. Triebe mit Schnur an den Stäben festbinden. Mit Humus aus dem Komposter mulchen (siehe Seite 118).

3 Falls ein Bohnentrieb an einem kurzen Stab hochwächst, führt man ihn sanft zur Sonnenblume hin.

4 Sobald die Sonnenblumen so hoch sind wie die kurzen Stäbe, werden diese herausgezogen und durch hohe ersetzt – so haben die Sonnenblumen eine gute Stütze, wenn die Bohnenpflanzen schwerer werden. Gut anbinden. Bohnenblüten ggf. mit Wasser besprühen.

5 Ab der Blüte gut wässern – bei Hitze eventuell sogar morgens und abends. Außerdem regelmäßig düngen. Die Triebspitzen der Bohnen abzwicken, wenn sie das obere Ende ihrer Stütze erreichen.

Erbsen

Selbst gezogene Erbsen sind im Topfgarten ein Muss. Weil sich der Zucker in den Erbsen sofort nach der Ernte in Stärke zu verwandeln beginnt, kann man ihren wahren Geschmack nur genießen, wenn man sie so frisch wie möglich in den Mund bekommt. Auch die Sprossen und Triebspitzen schmecken lecker – man kann Erbsen sogar nur ihretwegen anbauen. Geben Sie außerdem Zucker- und Zuckerbrecherbsen eine Chance.

Gefäß
Benötigt wird ein mindestens 20 cm tiefes Gefäß, Zwergsorten wie 'Half Pint' aber kommen sogar mit Fensterkästen zurecht. Weil gute Dränage wichtig ist, verwendet man Universalerde und ein Gefäß mit reichlich Abzugslöchern.

Kultur
1 Man unterscheidet runzelige und glattschalige Erbsen. Beide werden ab März ausgesät, doch vertragen glattschalige mehr Kälte und können bei niedrigeren Bodentemperaturen gesät wer-

Wer über einen langen Zeitraum konstant mit süßen, frischen Erbsen versorgt werden will, muss regelmäßig ernten.

den. Säen Sie mehrere Sätze im Abstand von einigen Wochen für eine kontinuierliche Versorgung.

2 Erbsen brauchen einen offenen, sonnigen Platz.

3 Höhere Sorten benötigen eine Stütze zum Festhalten (siehe Seite 127), etwa Ruten, Bambusstäbe oder Netze.

4 Achten Sie auf ausreichende Wasserzufuhr, vor allem ab der Blüte. Junge Hülsen brauchen viel Flüssigkeit.

Probleme
Sämlinge werden durch Vortreiben unter Glas oder mit Netzen vor Tauben und Mäusen geschützt. Den Erbsenwickler, der seine Eier im Hochsommer legt, trickst man durch frühe Aussaat aus. Erbsenkäfer bohren sich durch die Hülse in den Samen, auch hier beugt frühe Aussaat vor.

Ernte und Lagerung
Die meisten Erbsen sind innerhalb weniger Monate erntereif. Zucker- und Zuckerbrecherbsen werden geerntet, sobald sich die Hülsen entwickeln, da man sie im Ganzen verzehrt. Gartenerbsen werden geschält und roh oder gekocht genossen; sie können auch eingefroren werden.

SORTEN 'Allerfrüheste Mai', 'Half Pint', 'Kleine Rheinländerin', 'Ranka', 'Salzmünder Edelperle', 'Wunder von Kelvedon'; Zuckererbse: 'Hendriks', 'Norli', 'Ambrosia'; Zuckerbrecherbse: 'Cascadia'.

Mais

Mais in Töpfen ist nicht unproblematisch, denn er wird vom Wind bestäubt und sollte blockweise gepflanzt werden, damit eine optimale Befruchtung gewährleistet ist. Sind die Gefäße aber groß genug, stehen die Chancen gut. Wer außerdem richtig schmackhaften Mais genießen will, kommt um den Eigenanbau nicht herum, denn die Umwandlung von Zucker in Stärke beginnt, sobald die Kolben geerntet werden. Verwendet wird ausschließlich Zuckermais im Gegensatz zum Futtermais, der auf den Feldern wächst. Bei Zuckermaiskultur sollte die Entfernung zum nächsten Futtermaisanbau 400 m betragen.

Gefäß

Ziehen Sie 5–6 Pflanzen in einem großen, mindestens 30 cm tiefen und 60 cm breiten Gefäß. Zwergsorten begnügen sich mit kleineren Töpfen. Mais ist hungrig und braucht 2 Teile Universalerde auf 2 Teil Komposterde.

Kultur

1 Um zu keimen, benötigt Mais Wärme; er wird deshalb drinnen zum Keimen gebracht. Draußen kann angesät werden, sobald die Bodentemperaturen 12 °C erreichen und die Frostgefahr vorüber ist. Alternativ kauft man Jungpflanzen.

2 Mais wird in Gruppen mit mindestens fünf Exemplaren gepflanzt. Die Gefäße kommen an einen sonnigen, geschützten Platz.

3 Gutes Wässern und Düngen ist wichtig.

Probleme

In der Regel keine.

Mais kann ab April unter Glas vorgezogen werden. Ab Mai ist Freilandaussaat möglich.

Neuere, als »supersweet« oder extrasüß bezeichnete Maissorten haben einen höheren Zuckergehalt als traditionelle Sorten. 'Sweetie Pie' ist eine davon.

Ernte und Lagerung

Zuckermais ist reif, wenn der Maisbart braun wird, die Kerne prall und glänzend sind und einen milchigen Saft freigeben (siehe Seite 124). Man dreht die Kolben erst kurz vor dem Verzehr vom Stängel oder legt sie mitsamt der Hüllblätter in den Kühlschrank, wo sie höchstens 4–5 Tage haltbar sind.

SORTEN 'Damaun', 'Golden Bantam', 'Sweetie Pie'; Zwergsorten: 'Minipop', 'Jade Green', 'Orchard Baby'; Popcornmais: 'Erdbeermais'.

Expertentipps

- Mulchen Sie gut. Falls Wurzeln zu sehen sind, bedeckt man sie mit Erde.
- Während der Blüte ist gutes Wässern wichtig. Sobald die Kolben wachsen, gibt man Mais einen Flüssigdünger.
- Durch Schütteln der Blütenstände unterstützt man die Bestäubung.
- Ziehen Sie nur eine Zuckermaissorte im Topf, denn Fremdbestäubung kann sich negativ auf den Geschmack auswirken.

Bohnen und Mais

Bei der Mischbepflanzung dieses großen Kunststoffkübels stand eine schon von den amerikanischen Ureinwohnern praktizierte Kulturmethode Pate: die Kombination von Maispflanzen mit Bohnen. Normalerweise ließ man die Bohnen im alten Amerika am Mais hochklettern, doch hier verwendet man eine Zwergsorte, die als lebender Mulch den Wurzelraum kühl und feucht hält.

Bei solch voluminösen Kübeln nimmt man als Dränagematerial besser alte Plastiktöpfe statt Unmengen Tonscherben oder Kies. Sie sind leicht und lassen sich gut auf dem Boden des Kübels drapieren, was Substrat einspart und das Gewicht des ganzen Arrangements verrringert. Mais wird im Hausgarten sowieso eher in Blöcken als in Reihen gepflanzt, um die Bestäubung zu fördern (siehe Seite 123). Solange also genug Platz für eine kleine Gruppe von Pflanzen im Kübel ist, dürfte eine gute Ernte zu erwarten sein. An den Fuß jedes Stängels pflanzt man eine Zwergbohne, deren Blüten essbar sind. Ihre Hülsen werden einzeln geerntet, sobald sie reif sind, damit die Pflanze immer wieder neue bildet.

Ausgesät wird ab Mitte Mai, wenn keine Fröste mehr zu erwarten sind. Stellen Sie den Kübel an einen sonnigen, geschützten Platz, wo Bestäuber die Bohnen gut anfliegen können. Gutes Wässern ist wichtig, vor allem während der Blüte und wenn sich die Hülsen sowie Kolben entwickeln. Ab der Blüte wird wöchentlich ein flüssiger Tomatendünger verabreicht. Im Sommer tut eine Mulchschicht gut (siehe Seite 118).

Oben: Die Kolben sind reif, wenn ihr Schopf braun wird. Drücken Sie mit dem Fingernagel in ein Korn. Tritt milchiger Saft aus, kann geerntet werden; ist er noch klar, lässt man den Kolben noch ein paar Tage am Halm.

Links: Die Kombination aus Mais und Bohnen in einem einzigen Topf funktioniert sehr gut, denn die Bohnen versorgen sich mit Stickstoff aus der Luft großenteils selbst und bieten dem Mais eine lebende Mulchdecke. Der Mais wiederum stützt die Bohnentriebe.

Bohnen und Mais aussäen

Sie brauchen
- Kunststoffkübel mit 50 cm Durchmesser
- Dränagematerial (siehe Seite 15) oder alte Plastiktöpfe
- Gemüse- und Komposterde
- Samen von Zuckermais und Zwergbohnen

1 Umgedrehte alte Plastiktöpfe oder eine großzügige Lage Dränagematerial auf dem Boden des Kübels verteilen.

2 Topf bis 5 cm unter den Rand mit Mischung aus tonhaltigem Substrat und Komposterde füllen – der Abstand ist nötig, damit beim Gießen kein Wasser über den Rand schwappt. Wässern.

3 Je zwei Samen pro Aussaatstelle in die Erde stecken, um genügend Sämlinge zu bekommen, falls ein Samenkorn nicht austreibt. Kübel dieser Größe bieten 6–7 Maispflanzen Platz; sie werden gleichmäßig am Rand und in der Mitte verteilt.

4 Bohnensamen genauso wie die Maissamen paarweise aussäen. Neben die Maissamen säen, damit die Triebe später an den Halmen hochklettern können. Gut wässern. Den schwächeren Sämling jedes Paars nach dem Keimen auszupfen.

5 Pflanzen regelmäßig wässern und düngen. Sowohl Mais als auch Bohnen sind durstig und müssen bei Hitze ggf. morgens und abends gegossen werden. Mais gleich nach dem Ernten verspeisen (siehe Seite 123). Bohnen regelmäßig abernten (siehe Seite 118).

Sommertopf

Wer nur ein paar Gemüsesorten im Sommer ausprobieren möchte, hat mit diesem Topf eine Kombination, die ihm einige Wochen lang frisches Gemüse liefert. Der knackige Romana-Salat ist schon acht Wochen nach der Aussaat reif. Ihm folgen die Erbsen und schließlich Rote Bete, die geerntet wird, sobald sie golfballgroß ist.

Romana-Salat mit seinem schmal aufrechten Wuchs ist gerade bei begrenztem Platzangebot eine gute Wahl. Als Rote Bete wählt man eine runde Sorte, denn eine zylindrische nah am Topfrand kann darben. Mark- und Zuckererbsen sind die idealen Kletterpflanzen für den Topf, wobei man bei Letzteren die ganzen zarten Hülsen verspeisen kann.

Das Arrangement braucht einen offenen, sonnigen Standort. Säen Sie die Samen im April paarweise direkt in den Topf. Das Substrat muss vor dem Ansäen gewässert werden. Um später nicht viel Zeit auf das Ausdünnen von Sämlingen verwenden zu müssen, säen Sie die Samen exakt dort, wo die Pflanzen später auch wachsen sollen. Sobald die Sämlinge erscheinen, zupft man den schwächeren der beiden aus, sodass nur noch ein Exemplar pro Stützstab bleibt. Gewässert wird regelmäßig. Ab der Blütezeit der Erbsen schießt man alle zwei Wochen mit einem Flüssigdünger Nährstoffe zu.

Der Romana-Salat kann geerntet werden, sobald er ein gutes, festes Herz entwickelt hat (siehe Seite 131). Die erste Rote Bete holt man noch als Babybete aus der Erde – so können die übrigen größer werden, falls man das möchte. Ernten Sie die Erbsenhülsen regelmäßig von unten nach oben und immer erst kurz vor dem Verzehr, damit sie absolut frisch sind.

Alle Gemüsesorten in diesem Topf können zwei, drei Wochen später in anderen Töpfen erneut ausgesät werden. Dadurch wird man über lange Zeit mit frischen Köstlichkeiten versorgt.

Den Sommertopf ansäen

Sie brauchen
- Tontopf mit 40 cm Durchmesser
- Dränagematerial (Seite 15)
- Universalerde
- Bambusstäbe
- Gartenschnur
- Samen von Erbsen, Roten Beten und Romana-Salat

1 Boden des Topfs mit Dränagematerial bedecken. Topf bis 5 cm unter den Rand mit Erde füllen. Erde festdrücken. Die Stäbe kreisförmig um die Mitte herum in die Erde stecken, sodass noch Platz für die Rote Bete und den Salat am Topfrand bleibt.

2 Die Stäbe am oberen Ende mit der Schnur zusammenbinden.

3 Vor dem Ansäen das Substrat wässern, sodass es leicht feucht ist. Je zwei Erbsensamen am Ansatz jedes Stabs säen. Dann den Salat außen herum und schließlich Rote Bete am Topfrand säen. Topferde während der Keimung feucht halten.

4 Salat- und Rote-Bete-Sämlinge ausdünnen (siehe Seite 100), damit die übrigen Platz zum Wachsen haben; als Salatzutat verwenden. Die Erbsentriebe an die Stäbe führen, bis sie sich selbst festhalten. Regelmäßig wässern und düngen.

5 Erbsenhülsen immer wieder abernten, damit sie stets jung und ganz frisch sind. Salat abschneiden, wenn er ein festes Herz hat. Rote Bete ernten, sobald sie die gewünschte Größe hat.

Kopfkohl

Es gibt so viele Kopfkohlsorten, dass man theoretisch das ganze Jahr ernten könnte. Für die Topfkultur aber sollte man sich auf kompakte Formen beschränken. Man unterscheidet Frühjahrs-, Sommer- und Winterkohl, die alle gleich angebaut werden. Der einzige Unterschied ist der Aussaat- bzw. Pflanzzeitpunkt.

Gefäß

Ein großes, mindestens 40 cm tiefes Gefäß – Pflanzsäcke sind nicht tief genug. Kohl mag nährstoffreiche, feste Böden, die man ihm aus Gemüseerde, Gartenerde und gut verrottetem Kompost mischt.

Kultur

1 Vor der Aussaat wird das Substrat in den Töpfen gut festgedrückt. Dünn aussäen.

2 Wenn die Pflanzen größer werden, häufelt man die Erde um ihren Stängel etwas an, damit sie nicht umfallen.

3 Sobald sich die Köpfe bilden, ist der Wasserbedarf der Pflanzen am höchsten.

4 Während der gesamten Wuchssaison muss Kopfkohl mit Flüssigdünger unterstützt werden.

Probleme

Decken Sie die Pflanzen zum Schutz vor Tauben, Erdflöhen (siehe Seite 35) und dem Kohlweißling mit Netzen ab. Gelegentlich sucht man die Unterseite der Blätter nach Eiern ab und entfernt sie, bevor Raupen schlüpfen. Grüne Sorten scheinen beim Kohlweißling beliebter zu sein als rote.

Expertentipps

- Herkömmliche Blumen- bzw. Universalerde ist zu locker für den Kohlanbau.
- Kohl bildet keinen festen Kopf, wenn er nicht fest in der Erde verankert steht.

Ernte und Lagerung

Für Blattsalate kann man die jungen Blätter ernten, sobald sie groß genug sind. Ansonsten wartet man, bis sich feste Köpfe gebildet haben, und schneidet den Stiel knapp oberhalb der Substratoberfläche ab. Schneiden Sie ein Kreuz in den verbliebenen Strunk, um die Pflanze zu einem Neuaustrieb anzuregen, der allerdings kleiner ausfällt. Winterkohl kann im Topf bleiben, bis man ihn braucht, andere Sorten aber erntet man vor dem ersten Frost und lagert sie kühl.

SORTEN Weißkohl: 'Dowinda', 'Marner Allfrüh', 'Minicole'; Rotkohl: 'Granat', 'Schwarzkopf 2'.

Kopfkohl braucht festes Substrat um den Ansatz, damit er aufrecht bleibt und einen festen Kopf entwickelt. Daher sollte die Erde öfter angehäufelt und festgedrückt werden.

Kleine Sorten eignen sich besser für Gefäße. Man kann die Blätter jung ernten oder warten, bis sich Köpfe bilden.

Grünkohl

Grünkohl gehört zu den unkompliziertesten Gemüsesorten. Er verträgt Frost noch besser als andere Angehörige der Kohlfamilie – der verwandte Palmkohl wiederum verträgt Hitze gut. Für Töpfe eignen sich Zwergsorten, die im Winter und Frühjahr Nachschub liefern.

Gefäß

Mindestens 30 cm tiefer Topf mit durchlässiger, nährstoffreicher Topferde.

Kultur

1 Ausgesät wird von Mai bis Juni in Reihen, einzeln im Topf oder zwischen anderen Pflanzen.

2 Man mulcht, um die Wasserverdunstung zu verringern, und lässt den Ballen nicht austrocknen.

3 Versorgen Sie Jungpflanzen mit reifem Kompost, um ihr Wachstum zu fördern.

4 Nach dem Einwachsen bei Palmkohl schon Blätter ernten, um den Neuaustrieb zu fördern.

Probleme

Falls Vögel – sie ziehen angeblich grüne Sorten den roten vor – zum Problem werden, schützt man die Pflanzen mit einem Netz.

Ernte und Lagerung

Den italienischen Palmkohl kann man wie Pflücksalat behandeln und schon abernten, sobald er 5 cm hoch ist. Oder man erntet später einzelne Blätter von unten nach oben. Grünkohl wird erst nach dem ersten stärkeren Frost schmackhaft. Man erntet ihn daher etwa ab November bis Januar. Die Blätter können frisch genossen werden oder ein paar Tage im Kühlschrank bleiben.

SORTEN Palmkohl: 'Nero di Toscana'; Grünkohl: 'Halbhoher grüner Krauser', 'Lerchenzungen', 'Vitessa'; rot: 'Redbor', 'Roter Krauskohl'.

Palmkohl ist ein Muss im Gemüsegarten. Er braucht kaum Pflege, schmeckt gut und ist gesund.

Durch Frosteinwirkung wird die Stärke in den Grünkohlblättern zu Zucker abgebaut und sein Geschmack milder.

Blattsalate

Blattsalate sind im Nu erntereif, lassen sich leicht anbauen, liefern Unmengen an Blättern und bereichern mit ihren vielen Farben und Texturen jeden Topfgarten. Es gibt zwar kopfbildende und offene Sorten, doch kann man sie alle wie Pflücksalate behandeln, die lange Zeit Nachschub liefern. Stellt man die Sorten mit etwas Geschick zusammen, hat man fast ganzjährig Salat aus dem eigenen Topf auf dem Teller. Sie können reine Salattöpfe bepflanzen oder einzelne Exemplare zwischen anderes Gemüse setzen.

Gefäß

Jedes mindestens 10 cm tiefe Gefäß, auch Fensterkästen, Töpfe, Tröge oder Pflanzsäcke. Als Substrat mischt man 3 Teile Universalerde mit 1 Teil Komposterde.

Kultur

1 Frühjahrs- und Sommersalate werden ab März in kurzen Reihen ausgesät oder bereits vorgezogene Pflänzchen dann gesetzt. Sät man sie alle paar Wochen neu an, wird man später lückenlos versorgt. Wenn man sie wie Pflücksalat behandelt, ist die Gefahr geringer, dass sie bei Hitze und Trockenheit schossen.

2 Stellen Sie die Gefäße mit den Salaten je nach Jahreszeit in die volle Sonne oder in den Halbschatten.

3 Bleibt der Regen aus, wässert man morgens, um Sonnenbrand zu vermeiden. Außerdem ist die Gefahr eines Schneckenbefalls größer, wenn am Abend gegossen wird. Zu wenig Wasser lässt Kopfsalate schossen. Wenn Sie der Pflanzerde bereits Kompost beigemischt haben, ist keine zusätzliche Düngung erforderlich.

Kopfbildende Salate kann man überall positionieren, wo Platz ist – zwischen anderes Gemüse oder in einen ungenutzten Topf.

Reihen von Pflücksalat mit ihren unterschiedlichen Blattformen und -farben sehen gut aus und versorgen Sie lückenlos.

Kombinationen wie hier aus Mizuna, Kopfsalat und Blattsenf sind nicht nur kulinarisch, sondern auch optisch ein Genuss, vor allem wenn man sie mit Vergissmeinnicht kombiniert.

Probleme

Schnecken lieben Sämlinge – schützen Sie die Pflanzen in diesem Entwicklungsstadium besonders gut (siehe Seite 32). In feuchten, kühlen Sommern droht Grauschimmelbefall. Zupfen Sie befallene Blätter ab und pflanzen Sie nicht zu dicht. Bei trockener Hitze schossen Kopfsalate leicht.

Ernte und Lagerung

Kopfbildende Sorten sind erntereif, sobald sich eine feste Mitte bildet. Man schneidet sie morgens mit einem scharfen Messer ab. Pflücksalate werden erst kurz vor dem Verzehr geerntet, sie bleiben nicht lange frisch. Schneiden Sie einzelne Blätter, nur einige pro Exemplar, mit einer Schere ab. Man kann die Blätter angefeuchtet in einem Plastikbeutel im Kühlschrank 1–2 Tage lagern.

Expertentipps

- Wässern Sie besser vor als nach der Aussaat, damit die Samen mit feuchter Erde in Kontakt sind (siehe Seite 132).

- Kopfsalate mögen es sonnig, brauchen zum Keimen aber kühle Bedingungen. Sät man sie im Sommer, stellt man sie in den Schatten.

- Pflücksalate werden dicht gesät. Nur wenn man Köpfe ausreifen lässt, brauchen sie mehr Abstand zueinander.

- Das Substrat muss feucht bleiben.

SORTEN Chicorée: 'Tardivo'; Feldsalat; Romana-Salat: 'Forellenschluss', 'Little Gem', 'Valmaine'; Pflücksalat: 'Cocarde', 'Red Salad Bowl', 'Latthugino rosso'; Kopfsalat: 'Estelle', 'Jiska', 'Maikönig'.

Sommersalate

Der Anbau einer eigenen Salatmischung ist kinderleicht und kostet nur einen Bruchteil der abgepackten Ware aus dem Supermarkt. Ideal ist ein Mix aus kopfbildenden Sorten und Pflücksalaten. In Holzkisten kann man sie überall platzieren – sogar auf einer Fensterbank. Damit haben Sie immer eine Handvoll frischer Blätter in Reichweite.

Blattsalate sind ein herrlich anspruchsloses Gemüse. Man kann sie zu jeder Zeit vom Frühjahr bis zum Spätsommer aussäen. Auch für die Herbstkultur auf dem Balkon sind sie geeignet. Schützt man sie zudem mit Vlies oder Pflanzglocken, kann man die Erntezeit weiter verlängern. Holzkisten müssen vor dem Befüllen mit Folie ausgekleidet werden – ein alter Müllbeutel ist völlig ausreichend. Dadurch wird verhindert, dass das Holz verrottet und Schutzmittel in die Erde gelangen. Nach dem Keimen dünnt man kopfbildende

Sorten aus, damit sie Platz haben. Die ausgezupften Sämlinge werden gleich in Salaten verwertet. Pflücksalate müssen nicht ausgedünnt werden, sofern man sie später immer rechtzeitig aberntet, weil sie dann nie viel Platz einnehmen. Stellen Sie die Kiste in die Sonne oder in den Streuschatten (siehe Seite 131), vor allem bei heißem Wetter, denn manche Salate schossen im Handumdrehen.

Gegenüber: Säen Sie alle paar Wochen eine neue Kiste an und Sie sind den ganzen Sommer mit frischem Salat versorgt.

Die Salatkiste ansäen

Sie brauchen
- Alte Holzkiste ■ Plastikfolie
- Schere ■ Dränagematerial (siehe Seite 15) ■ Universalerde ■ Sand ■ Pflanzholz
- Salatsamen – mischen Sie die Sorten beliebig (siehe Seite 131)

1 Holzkiste mit der Plastikfolie ausschlagen. Mit der Schere Abzugslöcher in die Folie schneiden. Den Boden mit Dränagematerial bedecken. Beim Befüllen der Kiste mit Erde und etwas Sand Folie an die Ränder der Kiste drücken, damit sie nicht verrutscht.

2 Wässern Sie die Erde vor der Aussaat. Mit dem Pflanzholz oder einem Finger 2–3 flache Rillen ziehen. Samen dünn in die Rillen säen, dann mit den Fingern wenig Erde über die Samen schieben, festdrücken.

3 Sind die Sämlinge kopfbildender Sorten 2 cm hoch, dünnt man sie aus, sodass nur 4–5 Pflanzen pro Reihe bleiben. Kopfsalate regelmäßig wässern. Vor Schnecken schützen (siehe Seite 32).

4 Pflücksalate immer wieder abernten, sobald sie etwa 5 cm hoch sind (siehe Seite 131), oder 15 cm hoch wachsen lassen und leicht ausdünnen, damit die einzelnen Exemplare mehr Platz haben. Lässt man sie größer werden, kann man den ganzen Kopf auf einmal ernten.

5 Kopfbildende Sorten werden als Ganzes geerntet, indem man sie aus der Erde zieht oder mit einem scharfen Messer knapp über der Substratoberfläche abschneidet.

Asia-Salate

Unter Asia-Salaten werden die immer beliebteren Blattgemüsesorten wie Pak Choi, Chinakohl und Mizuna zusammengefasst. Sie sind sehr pikant, knackig und aus der Küche nicht mehr wegzudenken. Man kann sie als große Köpfe oder Pflück- und Babysalate ziehen. Je nach Sorte bieten die fernöstlichen Blattgemüse vom Frühjahr oder Hochsommer bis in den Spätherbst frische Blätter.

Gefäß
Die meisten Sorten brauchen einen mindestens 15 cm tiefen Topf mit guter, feuchtigkeitsspeichernder Erde. Man kann ihnen ein ganzes Gefäß reservieren oder sie zwischen andere Gemüsesorten pflanzen.

Kultur
1 Ausgesät wird von März bis September (je nach Sorte) dünn, dann an geschützten, halbschattigen Platz stellen (siehe Seite 137).

2 Wässern Sie gut, um ein Schossen zu verhindern und den Geschmack zu verbessern. Chinakohl (Aussaat Juni–Juli) ist Flachwurzler und wird deshalb oft, aber jedesmal nur wenig gegossen.

Expertentipp
■ Decken Sie die Pflanzen im Herbst ab, um die Ernteperiode zu verlängern.

Probleme
Schnecken können Chinakohl völlig zerfressen, müssen also wirksam abgewehrt werden (siehe Seite 32). Vor Kohlweißlingen und Erdflöhen schützt man mit Erdflohnetzen (siehe Seite 35).

Ernte und Lagerung
Einige Asia-Salate sind Sprinter: Schon etwa drei Wochen nach der Aussaat können erste Babyblätter im Sommer geerntet werden. Die ganzen Pflanzen sind nach etwa zehn Wochen reif. Sie halten sich nicht und sollten daher am besten bei Bedarf frisch geerntet werden. Die Strünke der meisten Sorten treiben neu aus, sodass eine zweite oder sogar dritte Ernte möglich ist.

SORTEN 'Misome', 'Red Giant', 'Mibuna', 'Mizuna', 'Green in Snow'; Chinakohl: 'Granat', 'Yuki'; Mini-Pak Choi: 'Canton Dwarf', 'Tah Tsai Tatsoi'.

Mizuna wächst unermüdlich nach, ganz gleich wie viel man abschneidet – unter Glas sogar den Winter hindurch.

Die Blätter von Mibuna werden zäh, wenn die Pflanzen bei Hitze schossen. Sie sind etwas schärfer als die von Mizuna.

Rucola

Der pfeffrige Rucola ist ein unkomplizierter Salat, der auch gekocht werden kann. Auch seine Blüten sind essbar. Man unterscheidet Salat- und Wilde Rauke. Ihr Anbau lohnt sich, denn im Handel kosten sie einiges.

Gefäß
Mindestens 10 cm tiefe Töpfe, Tröge, Fensterkästen oder Pflanzsäcke mit Universalerde.

Kultur
1 Ausgesät wird von Mitte April bis September dünn an einen halbschattigen Standort.

2 Die Sämlinge dünnt man auf 10 cm Abstand aus.

3 Da Rucola leicht schosst, sät man alle paar Wochen einen neuen Satz aus. Späte Aussaaten werden ggf. mit Abdeckungen geschützt.

4 Regelmäßig wässern, sonst schmeckt Rucola zu scharf und blüht vorzeitig. Bei der kurzen Kulturdauer ist keine weitere Düngung erforderlich.

5 Zwicken Sie die Blütenkospen ab und verwenden Sie sie in Salaten.

Probleme
Erdflöhe können Rucola förmlich entlauben: Gut wässern, Erde lockern, Erdflohnetze verwenden.

Rucola-Blüten sind hübsch anzusehen, wenn viele auf einmal blühen. Bei Selbstaussaat treiben sie im nächsten Jahr neu aus.

Ernte und Lagerung
Rucola ist 4 bis 6 Wochen nach der Aussaat erntereif. Man behandelt ihn wie Pflücksalat oder erntet ihn auf einmal. Je öfter die Blätter abgezupft werden, desto zarter bleiben sie.

SORTEN Salatrauke: 'Ruca', 'Runway'; Wilde Rauke: 'Grazia', 'Tiger', 'Toscana', 'Wilde Rauke'.
.

Sowohl Wild- als auch Salat-Rucola kann wie Pflücksalat behandelt werden, lässt sich aber auch auf einmal ernten.

Expertentipp

■ Wenn man einige Exemplare Samen ansetzen lässt, sät sich Rucola selbst aus.

Manche mögen's scharf

Die asiatische Küche ist für ihre Schärfe bekannt. Wer diesen Kick mag, kann sich einen ganzen Topf voll fernöstlicher Würze zu Hause selbst heranziehen. Frische Chilis geben Currys und Suppen feurige Schärfe, während die pfeffrigen Blätter von Mizuna und Mibuna Leben in Salate bringen. Pak Choi kommt in asiatische Brühen, seine jungen Blätter nutzt man für Pfannengerichte. – Das frische Laub der Asia-Salate harmoniert bestens mit Tontöpfen, kann aber auch in Plastikfensterkästen unweit der Küche kultiviert werden.

Chilis brauchen einen ganzen Sommer, bis sie reif sind. Je wärmer es ist, desto mehr beeilen sie sich (siehe Seite 83), doch bei schlechtem Wetter muss man sich eventuell bis in den Herbst hinein gedulden. Damit sie schon mit Vorsprung in die

Saison starten, kann man sie als Jungpflanzen aus dem Gartencenter holen oder bestellen und sie nach dem letzten Frost direkt in ihren endgültigen Topf setzen. Sie brauchen den wärmsten, sonnigsten Platz, den Sie finden. Die ersten Blüten werden abgezwickt, damit die Pflanze erst genügend Laub für einen größeren Ertrag an Früchten bildet. Ab der Blüte düngt man je nach Sorte alle 2 Wochen mit einem Flüssigdünger für Tomaten. Die Ernte lässt sich erhöhen, indem man beim Bestäuben der Blüten nachhilft (siehe Seite 86). Je nach Sorte müssen die Pflanzen eventuell gestützt werden, damit sie unter der Last der Früchte nicht umfallen oder brechen.

Mizuna und Mibuna gehören zu den unkompliziertesten und dankbarsten Salaten (siehe Seite 134). Solange man sie regelmäßig abherntet und Blütentriebe abzwickt, bevor sie schossen, liefern sie beständig frische, würzige Blätter. Während Mizuna ganzjährig angebaut werden kann, bevorzugt Mibuna kühlere Temperaturen und kann ab März und im Spätsommer ausgesät werden. Recht anfällig für das Schossen ist Pak Choi, besonders wenn er gestresst ist, etwa weil er zu trocken steht. Ihn sät man am besten Ende März oder ab Juli bis in den August aus. Es gibt außerdem Sorten, die weniger anfällig für das Schossen sind.

Die Blätter von Mibuna und Mizuna werden bei Bedarf geerntet, denn sie halten sich nicht. Beide Salate sollten kräftig wachsen. Unter Abdeckungen oder im Gewächshaus liefern sie noch den ganzen Winter hindurch Nachschub.

Asia-Salate ansäen und Chili pflanzen

Sie brauchen

- Tontopf mit 30 cm Durchmesser
- Dränagematerial (siehe Seite 15)
- Universalerde
- Chilisetzling
- Samen von Mibuna, Mizuna und Pak Choi

1 Boden des Topfs mit Dränagematerial bedecken. Darüber Erde einfüllen, bis der Topf zu drei Vierteln gefüllt ist. Chilisetzling genauso tief wie im vorigen Gefäß in die Mitte des Topfs pflanzen. Noch etwas Erde einfüllen und gut wässern.

2 Mit dem Finger je eine flache Saatrille entlang der vier Topfkanten ziehen. In zwei der Rillen Mibuna und in eine Rille Mizuna säen. Die Samen gleich danach mit Erde bedecken.

3 In die vierte Rille Pak-Choi-Samen säen. So mit Erde bedecken, dass die auf dem Samenpäckchen empfohlene Pflanztiefe eingehalten wird.

4 Samen gut angießen, damit sie erfolgreich keimen. Anschließend das Substrat nie austrocknen lassen. Regelmäßig düngen. Jungpflanzen vor Schnecken schützen (siehe Seite 32).

5 Sämlinge so weit ausdünnen, dass die Pflänzchen gut wachsen können. Pak Choi braucht mehr Platz als Mizuna und Mibuna, die man wie Pflücksalat behandeln kann (siehe Seite 134). Ausgedünnte Sämlinge für Salate verwenden. Die ersten Chilis grün ernten (siehe Seite 87).

Kräuter

Sowohl die schmalen, röhrenförmigen Blätter als auch die Blüten des Schnittlauchs sind essbar.

Schnittlauch

Schnittlauch (*Allium schoenoprasum*) ist mit seinem frischen Zwiebelgeschmack aus der Küche nicht wegzudenken. Er lässt sich leicht kultivieren und kommt bestens mit Töpfen zurecht. Bienen und andere Bestäuber (siehe Seite 24) lieben seine Blüten.

Gefäß
Geben Sie Schnittlauch ein mindestens 10 cm tiefes Gefäß mit Universal- oder Kräutererde, er braucht nährstoffreiche, feuchte, aber durchlässige Erde.

Kultur
■ Angesät wird Schnittlauch ab März. Seine Jugendentwicklung ist allerdings sehr langsam. Ab April kommt er nach draußen. Sehr gut kann Schnittlauch über Teilung vermehrt werden.

■ Schnittlauch gedeiht in Sonne und Halbschatten.

Bienen und andere Bestäuber fliegen Schnittlauchblüten im Sommer bevorzugt an.

■ Mulchen Sie Schnittlauch im Frühjahr und zwicken Sie die Blütenstände ab, um das Laubwachstum anzuregen.

■ Alle 2–3 Jahre werden die Horste im Frühjahr geteilt (siehe Seite 105) oder ganz ausgetauscht.

Probleme
Zu dichter Wuchs macht die Pflanzen anfällig für Rost, der sich in gelben Flecken auf den Blättern äußert. Infizierte Pflanzen werden sehr tief zurückgeschnitten.

Ernte und Lagerung
Die Blätter werden 3 cm über dem Ansatz abgeschnitten, sobald sie 15 cm lang sind. Sie können bis zu den ersten Frösten geerntet werden.

SORTEN 'Elbe', 'Forescate', 'Mauve'; Knoblauch-Schnittlauch (*A. tuberosum*).

Dill

Mit seinem gefiederten Laub und den gelben Blüten wird Dill (*Anethum graveolens*) zum Blickfang jedes gemischten Kräutertopfs. Seine frischen, milden Blätter und die schärferen Samen sind ein hervorragendes Suppen- und Salatgewürz; die Blüten locken Nützlinge an. Man soll ihn nicht in die Nähe von Fenchel pflanzen – beide sind Doldenblütler und vertragen sich nicht gut miteinander.

Gefäß
Ein mindestens 15 cm breiter und tiefer Topf mit Universalerde, in die etwas feiner Sand gemischt wurde.

Kultur
■ Die Aussaat erfolgt direkt in Töpfe draußen ab Mitte April. Man kann aber auch Setzlinge pflanzen.

■ Wichtig ist ein sonniger, geschützter Platz.

■ Ernten Sie öfter, damit die Pflanzen kompakt und buschig bleiben. Nie ganz zurückschneiden.

Lassen Sie Dill zum Saisonende blühen und schneiden Sie die reifen Samenstände zum Trocknen ab.

■ Dill ist kurzlebig und schosst bei Hitze. Säen Sie ihn alle zwei Wochen neu aus, um immer einen Vorrat zu haben.

■ Gegebenenfalls muss Dill gestützt werden.

Probleme
Schnecken sind ganz wild auf Dill. Schützen Sie ihn daher gut (siehe Seite 34).

Ernte und Lagerung
Etwa sechs Wochen nach der Aussaat können die Blätter geerntet werden. Man kann sie frisch genießen, im Kühlschrank etwa zwei Wochen lagern oder gehackt in Eiswürfeln einfrieren. Sobald die Samen reifen, steckt man sie zum Trocknen in Papiertüten.

SORTEN 'Bouquet', 'Elefant', 'Herkules', 'Tetra'.

Meerrettich

Meerrettich (*Armoracia rusticana*) breitet sich im Freiland stark aus, im Topf setzt man ihm Grenzen. Ansonsten ist er unkompliziert und winterhart.

Die Wurzeln werden im Herbst aus der Erde geholt. Was nicht sofort und im Winter verbraucht wird, schlägt man in feuchten Sand ein und pflanzt es im Frühjahr erneut.

Gefäß
Benötigt wird ein großer, tiefer Trog, Topf oder alter Mülleimer. Man füllt das Gefäß mit Universalerde, der man etwas gut verrotteten Kompost hinzufügt.

Kultur
■ Vermehrt wird durch 20–30 cm lange Wurzelschnittlinge der Seitenwurzeln. Man steckt sie in Löcher, die mit dem Pflanzholz gestochen wurden, dabei Wuchsrichtung beachten.

■ Meerrettich mag es sonnig, verträgt aber auch Halbschatten.

■ Bei Trockenheit wird gewässert. Ein Seetangdünger im Sommer ist sinnvoll.

Probleme
Erdflöhe und Kohlweißlinge können schädigen.

Ernte und Lagerung
Einzelne Seitenwurzeln kann man bei Bedarf abstechen. Ansonsten die Wurzeln im Herbst aufnehmen und in Sand einschlagen oder teilen und im Frühjahr neu pflanzen. Man verwertet sie gerieben, geschnitten oder in Essig eingelegt. Im Kühlschrank halten sie in einem feuchten Tuch wochenlang. Meerrettich verliert beim Kochen seinen beißenden Geschmack.

SORTEN 'Variegata'; regionale Sorten.

Koriander

Das Kraut mit dem unverwechselbaren, leicht stechenden Geschmack (*Coriandrum sativum*) lässt sich unschwer durch Aussaat vermehren und liefert reichlich Stoff für die Küche.

Gefäß

Ein 10 cm tiefer Topf mit gutem Wasserabzug und Universalerde ist ausreichend.

Kultur

■ Ausgesät wird ab Februar drinnen, ab April draußen. Frühe Aussaat bis April ist für Samenernte wichtig, für Ernte der Blätter kann bis Mitte September ausgesät werden.

■ Weisen Sie Koriander einen warmen, aber eher schattigen Platz zu (siehe Seite 144), wenn Sie das Laub ernten möchten. Brauchen Sie dagegen Samen, stellen Sie ihn in die volle Sonne.

■ Säen Sie alle 3–4 Wochen eine neue Kultur an.

■ Koriander sollte gut, aber maßvoll gewässert werden, denn bei Austrocknung schosst er. Hat er bereits Kompost erhalten, braucht er keine weitere Düngung, sonst leidet der Geschmack.

Koriander setzt rasch Samen an, sodass man alle paar Wochen einen neuen Satz in Töpfe oder zwischen andere Nutzpflanzen sät, um kontinuierlich ernten zu können.

Probleme

So gut wie keine.

Ernte und Lagerung

Mit der Ernte kann begonnen werden, sobald die Blätter groß genug sind, was meist nach 6–7 Wochen der Fall ist. Sie können frisch verwendet oder in Eiswürfeln eingefroren werden. Im Herbst werden die fast reifen Samenstände abgeschnitten und in Papiertüten getrocknet, später dann in luftdicht schließende Behälter gegeben.

SORTEN 'Calypso', 'Cilantro', 'Confetti', 'Jantar', 'Lemon', 'Thüringer'.

Zitronengras

Das bei uns immer beliebtere Zitronengras (*Cymbopogon citratus*) kommt in der fernöstlichen Küche zum Einsatz, wo man es wegen seines süßen Zitrusdufts schätzt. Seine Halme und Blätter wirken in Töpfen besonders schön.

Gefäß

Benötigt wird ein großer, 30 cm breiter Topf mit Universalerde und etwas Sand.

Kultur

■ Diese Art des Zitronengrases wird durch Teilung vermehrt. Man kann sich eine Jungpflanze kaufen oder eine Bulbe nicht zu tief in ein Glas Wasser stellen, bis sie Wurzeln treibt, und dann einpflanzen.

■ Zitronengras wird erst dann ins Freiland gestellt, wenn die Temperaturen nachts über 13 °C bleiben. Ansonsten kultiviert man es drinnen.

■ Die Pflanzen dürfen im Sommer nicht austrocknen.

■ Während der ganzen Wachstumsperiode braucht das Zitronengras einen warmen Platz.

■ Im Winter muss *Cymbopogon* frostfrei stehen.

■ Teilen Sie die Pflanze im Februar und topfen Sie die einzelnen Teilstücke.

Zitronengras muss bei uns im Topf gezogen werden, damit man es im Winter nach drinnen bringen kann.

Alle Teile des Fenchels sind essbar – auch die Samen, die man frisch oder getrocknet nutzen kann.

Probleme

Im Winter hält man sie trockener, bei Trauermücken-befall eine Schicht Sand auf die Töpfe streuen.

Ernte und Lagerung

Blätter und Halme lassen sich frisch oder getrock-net verwerten. Man schneidet sie auf Bodenhöhe ab und nutzt die unteren 10 cm des Halms.

SORTEN Nur die Art wird kultiviert.

Fenchel

Der eng mit dem Knollenfenchel verwandte Gewürzfenchel (*Foeniculum vulgare*) wird wegen seiner süßlich anisartig schmeckenden Blätter, Samen und sogar Blüten angebaut. Die filigrane Pflanze passt gut in ein großes Gefäß mit Mischbepflanzung. Die meist nur zweijährige Pflanze versamt sich leicht.

Gefäß

Ein mindestens 30 cm tiefes Gefäß. Fenchel braucht durchlässige, feuchtigkeitsspeichernde Topferde mit etwas Sand. Man sollte ihn nicht neben Dill oder Koriander ziehen, die ebenfalls Doldenblütler sind und sich alle untereinander nicht vertragen.

Kultur

■ Kaufen Sie Setzlinge oder säen Sie ab April direkt ins Freiland aus.

■ Fenchel braucht einen sonnigen Standort.

■ Er wird regelmäßig gewässert und mit Kompost gemulcht, damit er nicht zu früh Samen ansetzt.

■ Wer frische, junge Blätter bevorzugt, entfernt die Blütenstände und kürzt die Triebe im Hoch-sommer etwas ein.

■ Im Herbst schmücken malerische Samenstände.

Probleme

Schnecken lieben die jungen Triebe (siehe Seite 32).

Ernte und Lagerung

Die Blätter, jungen Triebe und unreifen Samen können frisch verwendet werden. Reife Samen kann man trocknen und lagern, die Blätter ein-frieren und in Öl oder Essig einlegen.

SORTEN 'Purpureum', 'Rubrum'.

Koriander im Sieb

Koriander geht so schnell, wie er gekommen ist, denn er hält nur ein paar Wochen. Deshalb sät man monatlich einen neuen Topf an, damit der Vorrat den Sommer über nicht versiegt. Zum Glück ist die ganze Pflanze verwertbar – die duftenden Samen kann man für Currys und Eintöpfe brauchen. Ein ausgemustertes Küchensieb bietet sich für ihn als Gefäß an.

Koriander wird am besten direkt ins endgültige Gefäß ausgesät, denn er verträgt kein Umpflanzen. Ab April bis September sät man ihn in stark durchlässiges Substrat – Universalerde ist für ein so kurzlebiges Kraut völlig ausreichend. Stellen Sie den Topf dorthin, wo er ein paar Stunden täglich Schatten hat, denn wenn Koriander den ganzen Tag in der Sonne schmort, schosst er – Wärme allerdings tut ihm gut. Angesät werden am besten viele kleine Sätze, damit die Einbußen gering bleiben, wenn einer davon verloren geht, etwa

weil das Substrat austrocknet (siehe Seite 142). Säen Sie bis zum Spätsommer immer wieder neu aus. Koriander sollte 6–7 Wochen nach der Aussaat erntereif sein. Das regelmäßige Abschneiden frischer, junger Blätter fördert einen gesunden, kompakten Wuchs und verhindert, dass die Pflanzen blühen. Koriander mag keine feuchten Böden, wässern Sie deshalb morgens statt abends.

Gegenüber: Koriander ist ein üppig grünes Kraut, das mit seinem unverkennbaren Duft und pfeffrig zitrusartigen Geschmack die fernöstliche und indische Küche bereichert.

Koriander einpflanzen

Sie brauchen
- Einlage für Hängekörbe
- Aluküchensieb oder ein anderes mindestens 10 cm tiefes Gefäß mit gutem Wasserabzug
- Schere ■ Stück Plastikfolie, etwa aus einer Mülltüte ■ Universalerde ■ Koriandersamen

1 Einlage in das Sieb legen, evtl. zuschneiden und im Inneren überlappen lassen, damit es passt. Stück Plastikfolie unten hineinlegen, um den Feuchtigkeitsverlust zu verringern.

2 Sieb bis etwa 5 cm unter den Rand mit Erde füllen und etwas festdrücken. Der Abstand zwischen Erde und Siebrand erleichtert das Wässern.

3 Koriandersamen gleichmäßig auf dem Substrat verteilen und leicht in die Erde hineindrücken.

4 Samen leicht mit Erde bedecken, indem man diese zwischen den Handflächen reibt, sodass sie sich feinkrümelig über den Körnchen verteilt. Gut wässern und Sieb in eine warme, tagsüber teilweise im Schatten liegende Ecke des Gartens stellen.

5 Erde immer leicht feucht halten. Blätter häufig ernten. Sobald sich Samen bilden, die Pflanze entweder verwenden oder Samen fast ausreifen lassen, den Samenstand als Ganzes abschneiden und an einem warmen Ort zum Trocknen ausbreiten.

Kräuterkasten

Frische Kräuter sind Geschmackswunder voller Vitamine und ätherischer Öle. Sie lassen sich gut zu Hause ziehen – einen einfachen Kräuterkasten sollte jeder haben. Fügt man noch essbare Stiefmütterchenblüten dazu, hat man ein Farb-Duft-Ensemble, das man nicht im Supermarkt findet. Platzieren Sie den Kasten am besten in Küchennähe, um immer frische Kräuter griffbereit zu haben.

Alle vorgeschlagenen Pflanzen lassen sich durch Aussaat ziehen. Petersilie keimt jedoch unzuverlässig und langsam (siehe Seite 153). Wie Fenchel (siehe Seite 143) verträgt sie es nicht, umgepflanzt zu werden, sodass man am besten im Mai Setzlinge kauft. Da Petersilie zweijährig ist, sollte man sich jedes Jahr neue Exemplare zulegen. An einem geschützten Standort liefern sie fast ganzjährig frisches Laub. Auch der filigrane, aromatische Fenchel wächst meist nur zweijährig, versamt sich aber. Seine Blätter lassen sich ebenso nutzen wie seine Samen. Um gut auszusehen, muss er eventuell gestützt und jährlich umgetopft werden. Stiefmütterchen mit ihren essbaren grasig süßen Blüten gedeihen in lockerer, nährstoffreicher Erde.

Gegenüber: Ideal ist ein warmer, geschützter Platz. Damit Petersilie nicht schosst, ist etwas Schatten ratsam. Je wärmer es ist, desto mehr ätherische Öle entstehen – ihnen verdanken die Kräuter ihren typischen Duft und Geschmack.

Den Kräuterkasten bepflanzen

Sie brauchen
- Fensterkasten, mindestens 60 × 20 cm, der auf das Fensterbrett passt und fest steht
- Dränagematerial wie Tonscherben, Tonkügelchen oder Kies (siehe Seite 15)
- Kräutererde und Sand im Mischungsverhältnis 3:1
- 2 × Petersilie (*Petroselinum crispum*), 2 × Fenchel (*Foeniculum vulgare*), 2 × Stiefmütterchen (*Viola × wittrockiana*)

1 Kräuter brauchen gute Dränage, daher ggf. Löcher in den Boden des Kastens bohren. Eine dicke Schicht Dränagematerial in den Kasten geben.

2 Kasten zur Hälfte mit Substrat füllen. Die Pflanzen noch in ihren Töpfen im Kasten arrangieren, bis sich eine zufriedenstellende Platzierung ergibt. Kräuter abwechselnd anordnen und dazwischen die Stiefmütterchen stellen.

3 Jede Pflanze aus dem alten Topf holen. Mit dem hohen Fenchel beginnen: Wurzeln lockern, damit sie sich besser ausbreiten können und rasch einwachsen. Als Nächstes die Petersilie und schließlich die Stiefmütterchen pflanzen.

4 Substrat auffüllen. Gut wässern und mulchen. Kasten vor das Fenster stellen. Während der Wachstumssaison regelmäßig wässern, alle zwei Wochen düngen. Immer nur wenige Blätter und Blüten auf einmal ernten, jedoch häufig, regt die Pflanzen zum Neuaustrieb an.

Ysop ist die Idealbesetzung für Töpfe auf der Terrasse, wo er an warmen Tagen seinen angenehmen Duft verströmt.

Ysop

Ysop (*Hyssopus officinalis*) zum Würzen im Handel zu finden ist nicht einfach, daher sollte man sich einen eigenen Bestand des mediterranen Krauts zulegen. Die Pflanze duftet herrlich, vor allem an lauen Sommerabenden. Ihre blauen, weißen oder rosa Blüten locken Bienen und Schmetterlinge an.

Gefäß
Jedes mindestens 30 cm breite Gefäß mit reichlich Abzugslöchern. Ysop bevorzugt leichte, durchlässige Topferde mit etwas Sand.

Kultur
■ Säen Sie Ysop ab Mitte Mai direkt in sonnenwarme Erde oder kaufen Sie Setzlinge.

■ Das Kraut wird am besten vor eine sonnige Südmauer gestellt. Mulchen Sie die Pflanze.

■ Im Frühjahr wird Ysop zurückgeschnitten. Düngen Sie das Kraut im Juni mit Kräuterdünger und zwicken Sie welken Flor ab, um die Blütezeit zu verlängern.

■ Ysop ist in unserem Klima winterhart.

■ Erneuern Sie die Pflanzen alle drei Jahre.

Probleme
In der Regel keine.

Ernte und Lagerung
Häufiges Abernten des Laubs fördert buschigen Wuchs. Laub und Blüten am besten frisch verwenden oder in Olivenöl einlegen. Man würzt damit Kartoffel- und Fleischgerichte, Salate.

SORTEN 'Albus', subsp. *aristatus*, 'Roseus'.

Lorbeer

Die dunklen, immergrünen Blätter des Lorbeers (*Laurus nobilis*) sind fester Bestandteil von Kräutersträußchen.

Gefäß
Mindestens 30 cm tiefe Gefäße mit Kübelpflanzenerde, in die man Kompost und Sand mischt, um die Durchlässigkeit zu verbessern.

Kultur
■ Kaufen Sie am besten eine Jungpflanze, denn die Vermehrung durch Stecklinge ist ziemlich langwierig.

■ Gepflanzt wird Lorbeer von April bis September. Stellen Sie den Topf an einen sonnigen, geschützten Standort. Wässern Sie regelmäßig, vermeidern Sie aber Staunässe.

■ Geben Sie dem Lorbeer ab dem zweiten Jahr während der Saison bis August alle paar Wochen einen Flüssigdünger. Im Winter sparsam gießen.

■ Lorbeer wird frostfrei, hell und kühl überwintert.

■ Er sollte alle zwei Jahre umgetopft werden.

Die frischen Blätter werden zusammen mit Oregano, Basilikum und Thymian als Bestandteil von Bouquets garnis in Eintöpfen, Soßen und Suppen verwendet.

Lorbeer in Töpfen kann mit einem Schnitt zu Kegeln, Pyramiden oder Hochstämmen geformt werden.

Probleme

Gelbe Blätter können auf Nährstoffmangel, Staunässe im Topf oder schlechtes Wetter zurückzuführen sein. Schildläuse verursachen einen hässlichen, schwarzen Belag; man streift sie mit der Hand ab oder bekämpft sie mit einer Seifenlösung. Lorbeerblattflöhe verunstalten die Blätter, befallene Zweige werden entfernt.

Ernte und Lagerung

Blätter erntet man am besten im Frühjahr oder Herbst – frisch schmecken sie würzig-herb und getrocknet aromatischer.

SORTEN 'Aurea', fo. *angustifolia*.

Minze

Minze (*Mentha*) breitet sich im Garten über Ausläufer stark aus und sollte daher im Topf gezogen werden. Es gibt viele Sorten mit unterschiedlichem Duft, Geschmack und Laub; eine große Auswahl ist im Handel erhältlich.

Gefäß

Töpfe sollten mindestens 25 cm tief sein. Verwenden Sie Universalerde mit einer Kompostzugabe.

Kultur

■ Vermehrt wird durch Wurzelausläufer oder Setzlinge. Gut wässern.

■ Minze gedeiht in Sonne und Halbschatten.

■ Während der Saison werden alle Minzen gedüngt und gewässert. Das Substrat darf nicht austrocknen.

■ Die Echte Pfefferminze (*M.* × *piperiata*) hat den höchsten Nährstoffbedarf.

■ Welke Blüten werden abgezwickt.

■ Alle zwei Jahre teilt man die Pflanzen.

Probleme

Braune Flecken auf dem Laub deuten auf Minzrost hin. Pflanzen dann bodennah abschneiden.

Ernte und Lagerung

Die Blätter werden frisch oder getrocknet genutzt.

SORTEN *M.* × *gracilis* 'Variegata', *M.* × *smithiana* 'Rubra', *M. spicata* 'Englische Grüne', *M. s.* var. *crispa* 'Marokko', *M. suaveolens*, *M. s.* 'Variegata', *M.* × *piperiata* var. *piperita* 'Schoko'.

Mentha suaveolens 'Variegata' (ganz oben links) wächst langsam und ist wie geschaffen für Töpfe. *M.* × *gracilis* 'Variegata' (oben links) schmeckt wärmer und mild, während *M. spicata* (oben rechts) erste Wahl für Soßen und Minzgelee ist.

Minze-Medley

Weil sich Minze hemmungslos ausbreitet, gilt sie als Rüpel der Kräuterwelt. Dabei lässt sie sich mit einem einfachen Trick in ihre Schranken weisen: Man zieht sie einfach im Topf, schon ist ihr Ausbreitungsdrang gebremst. Das ist auch dann ratsam, wenn man mehrere Minzeformen kombiniert. Um die ganze Bandbreite der Geschmacksvarianten genießen zu können, setzt man sie innerhalb eines einzelnen großen Gefäßes in separate Töpfe.

Weil Minze Flachwurzler ist, braucht man kein tiefes Gefäß, dafür gutes, kräftiges Substrat sowohl in den Einzeltöpfen als auch im großen Gefäß. Bevor man Erstere in Letzterem versenkt, siedelt man noch jede Minzepflanze in einen größeren Topf um, damit sie wenigsten in ihm ihren Ausbreitungsdrang etwas ausleben kann. Ihre Wurzeln werden bald durch das Abzugsloch in das Substrat im großen Gefäß wachsen. Das gesamte Arrangement stellt man in die Sonne oder den Halbschatten. Regelmäßiges Düngen (siehe Seite 149) ist wichtig. Wegen des engen Nebeneinanders im Gefäß besteht die Gefahr der Hybridbildung mit Nachkommen, die in Duft und Geschmack abweichen. Man verhindert das, indem man die Blätter regelmäßig erntet. So bleiben die Pflanzen buschig und blühen nicht.

Gegenüber: Minze wird geerntet, indem man die Triebe knapp unter der Spitze mit den Fingern abzwickt oder abschneidet. So verhindert man, dass sie Blüten bilden.

Das Minze-Medley pflanzen

Sie brauchen
- ▣ Universal- oder Kräutererde
- ▣ Kompost
- ▣ Flaches Gefäß oder Trog wie diesen Metallkübel in Grünspanoptik
- ▣ 3–4 unterschiedliche Minzesorten (siehe Seite 149) wie die Apfel-Minze (*M. suaveolens*), die Ananas-Minze (*M. s.* 'Variegata'), die Raripila-Minze (*M.* × *smithiana*) und *M. spicata* 'Englische Grüne'
- ▣ Töpfe für die einzelnen Pflanzen
- ▣ Dekokies als Mulch

1 Universalerde und Kompost im Verhältnis 2:1 mischen. Alle Minzepflanzen in Töpfe umsetzen, die größer sind als diejenigen, in denen man sie gekauft hat. Gut angießen.

2 Pflanzgefäß zur Hälfte mit der Substratmischung füllen, sodass die Minze in den Töpfen daraufgestellt werden kann und zwischen dem Rand der Töpfe und dem des Gefäßes noch etwas Platz bleibt, damit später gut gewässert werden kann.

3 Töpfe auf das Substrat im Gefäß stellen. Darauf achten, dass die Oberkante aller Töpfe auf gleicher Höhe ist. Lücken zwischen den Töpfen mit Substrat auffüllen, bis es so hoch ist wie das Substrat in den Einzeltöpfen. Gut angießen.

4 Mit Kies mulchen, damit weniger Feuchtigkeit verdunstet und gleichzeitig die Ansätze der Pflanzen nicht in der Nässe sitzen. Pflanzen regelmäßig wässern und maßvoll düngen – ein Zuviel verringert die Intensität des Geschmacks.

Viele Pesto- und Pastasoßen sind ohne Basilikum (ganz oben rechts) nicht denkbar. Griechisches Buschbasilikum (oben links) mit sehr kleinen Blättern verfügt aber trotzdem über einen kräftigen Geschmack. Oben rechts: Rotes Basilikum.

Basilikum

Das beliebte Basilikum (*Ocimum basilicum*) schmeckt selbst gezogen viel besser als Supermarktware. Es ist sowohl in der Küche als auch im Garten unentbehrlich (siehe Seite 27).

Gefäß
Ausgesät wird das Wärme liebende Basilikum am besten drinnen in Töpfe oder Multitopfplatten mit Aussaaterde ab Mitte April.

Kultur
■ Die Samen sind Lichtkeimer und werden zwar leicht in das Substrat gedrückt, aber nicht mit Erde abgedeckt. Gut wässern.

■ Gute Keimung ist auf einer sonnigen Fensterbank bei 15–25 °C zu erwarten. Nach der Keimung stellt man die Töpfe an einen sonnigen, geschützten Standort.

■ Erst im Juni stellt man Basilikum nach draußen. Es ist nicht winterhart.

■ Basilikum verträgt es nicht, über Nacht im Wasser zu stehen. Wässern Sie daher nur morgens.

Probleme
Bei einem Befall mit Blattläusen und Weißen Fliegen (siehe Seite 34) wird mit Wasser oder einer Seifenlösung gespritzt.

Ernte und Lagerung
Junge Blätter werden regelmäßig von den Triebspitzen gezupft. Sie halten im Kühlschrank ein paar Tage, doch kann man sie auch einzeln einfrieren, zu Pesto verarbeiten oder in Öl und Essig einlegen. Die aromatischen Blüten eignen sich für Salate.

SORTEN 'African Blue', 'Dark Opal', 'Genovese', 'Pesto Perpetuo', 'Rosso', 'Thai', 'Zimt'.

Oregano

Oregano (*Origanum vulgare*) wird wegen seiner würzigen Blätter geschätzt, die etwas intensiver schmecken als die des verwandten Majorans. Manche Formen haben einzeln im Topf einen hohen Zierwert, während eine niedrigere, buschige Sorte wie 'Compactum' sich sehr gut als Randbepflanzung im Rahmen größerer Arrangements eignet. Die schönen, duftenden Blüten locken Schmetterlinge an.

Gefäß
Mindestens 20 cm tiefe Töpfe mit Kräuter- oder Gartenerde mit etwas Sand.

Kultur
■ Vermehrt wird Oregano durch Stecklinge im Frühjahr, doch kann man auch Jungpflanzen kaufen. Aussaat ist ab April draußen möglich.

■ Oregano braucht sonnige Standorte. Nach dem Einpflanzen wird gut gewässert, dann nur noch bei Trockenheit.

■ Nach der Blüte werden die Büsche gestutzt.

■ Im zeitigen Frühjahr schneidet man Oregano auf 6 cm Höhe zurück. Kiesmulch schützt die

Oreganolaub wird zur Blütezeit geerntet und frisch, getrocknet oder eingefroren verwertet.

Pflanzen vor Winternässe. Oregano ist winterhart, doch die Töpfe werden zum Schutz eingepackt.

Probleme
In der Regel keine.

Ernte und Lagerung
Die Blätter werden zur Blütezeit geerntet, wenn die Pflanze das intensivste Aroma hat, und an einem warmen, trockenen, gut durchlüfteten Ort zum Trocknen aufgehängt.

SORTEN 'Compactum', 'Thumbles Variety'.

Petersilie

Petersilie (*Petroselinum crispum*) ist eines der vielseitigsten Küchenkräuter und gehört deshalb in jeden Kräuterkasten oder -topf. Meist wird sie einjährig gezogen, da sie im zweiten Jahr Samen ansetzt. Sie ist jedoch winterhart und kann bis zur Blüte verwendet werden.

Gefäß
Mindestens 20 cm tiefe Töpfe. Die im Handel erhältlichen Petersilientöpfe sind nicht empfehlens-

Krause Petersilie schmeckt milder als die glatte Form. Man fügt sie Gerichten erst nach dem Kochen hinzu, damit der Geschmack erhalten bleibt.

wert, da sie sich schlecht wässern lassen und für die langen Pfahlwurzeln der Pflanze zu klein sind. Petersilie ist hungrig, weshalb man in das Substrat organische Substanz wie z. B. Kompost einarbeitet.

Kultur
■ Säen Sie Petersilie draußen ab März an. Die Samen werden dünn mit Erde bedeckt. Sie keimen langsam und unzuverlässig, am besten aber noch an einem warmen Platz in feuchter Erde und unter einer Abdeckung.

■ Lassen Sie die Pflänzchen nicht austrocknen.

■ Blütenstände werden abgezwickt, um während der Saison das Laubwachstum anzuregen.

■ Decken Sie die Pflanzen im Herbst ab, um das Einziehen im Winter zu verzögern.

Probleme
Schutz vor Schnecken ist wichtig (siehe Seite 32).

Ernte und Lagerung
Frische Blätter werden bei Bedarf geerntet. Man kann sie in versiegelten Plastikbeuteln oder gehackt in Eiswürfeln einfrieren.

SORTEN Kraus: 'Grüne Perle', 'Mooskrause 2'; glatt: 'Einfache Schnitt', 'Gigante d'Italia', 'Laura'.

Italienischer Topf

In der italienischen Küche spielt die Qualität der Zutaten und deren authentischer Geschmack eine wichtige Rolle – und wie lässt sich beides besser erreichen als mit selbst gezogenen Genüssen? In diesem Topf sind klassische mediterrane Zutaten Paprika, Rucola und Basilikum. Er bringt einen Hauch von Italien in Ihren Garten – und auf Ihren Teller.

Wenn Sie nicht gerade sehr früh mit der Vorkultur beginnen wollen, kaufen Sie Paprika als Setzlinge im Gartencenter oder Versandhandel, denn sie brauchen einen langen, heißen Sommer, um auszureifen (siehe Seite 83). Basilikum wird ab April angesät und ist auf jeden Fall rechtzeitig einsatzbereit, aber wenn Zeit und Platz knapp sind, sollte man sich ebenfalls Jungpflanzen kaufen (siehe Seite 152). Rucola wird in einem Schwung oder in mehreren Partien zeitlich versetzt ausgesät. Er schosst sehr schnell, wenn ihm die Bedingungen nicht behagen. Durch die sukzessive Aussaat im Abstand von einigen Wochen sorgt man dafür, dass der nächste Bestand schon nachrückt, wenn der vorherige nachlässt.

Man bepflanzt den mediterranen Topf nach dem letzten Frost. In die Lücken zwischen Paprika und Basilikum kommt Rucola. Wichtig ist ein sonniger Standort, damit die Paprikaschoten ausreifen. Durch Abzwicken der Triebspitzen von Basilikum fördert man einen buschigeren Wuchs sowie den Ansatz vieler junger Blätter und verhindert, dass die Pflanze früh blüht. Paprika wird ab der Blüte wöchentlich mit Tomatendünger unterstützt.

Oben: Die meisten Paprikaschoten sind zunächst grün und werden dann rot, doch kann man sie in jedem Zustand ernten. Schneidet man die ersten noch grün ab, fördert man den Ansatz weiterer Früchte – sie kann man dann ausreifen lassen.

Links: Die jungen Rucola-Blätter werden wie Pflücksalat behandelt und oft geerntet, doch kann man auch warten, die ganze Pflanze ernten und anschließend neu ansäen.

Den italienischen Topf bepflanzen

Sie brauchen

- Topf aus Bleiimitat mit mindestens 60 cm Durchmesser
- Dränagematerial
- Universalerde
- 2 Paprikasetzlinge
- 6–8 Basilikumpflänzchen
- Rucola-Samen
- Sand für die Aussaat

1 Boden des Topfs mit Dränagematerial bedecken. Topf bis fast zum Rand mit Erde füllen. Erde andrücken.

2 Pflänzchen noch im Topf auf der Erde so anordnen, dass die Paprikasetzlinge in der Mitte und die Basilikumpflanzen am Rand stehen. Auf gleichmäßige Abstände achten und genug Platz für die Rucola-Aussaat dazwischen lassen. Sobald Sie zufrieden mit dem Arrangement sind, pflanzen und wässern.

3 Weil die Rucola-Samen winzig sind, das Saatgut vor dem Aussäen gut mit Sand mischen – so sieht man besser, ob man es gleichmäßig verteilt.

4 Die Samen-Sand-Mischung auf die Substratoberfläche säen und dünn mit Erde abdecken. Alle Pflanzen gut angießen. Im weiteren Verlauf regelmäßig wässern und düngen.

5 Die Spitzen der Basilikumpflänzchen abzwicken, solange sie noch jung sind – sie wachsen dann buschiger. Immer wieder Blätter ernten, damit die Pflanzen gesund und kompakt bleiben.

Rosmarin

Rosmarin (*Rosmarinus officinalis*) gehört zu den nützlichsten Küchenkräutern: Sein aromatischer Geschmack passt zu fast allen Gerichten. In einem gemischten Kräutertopf eignet er sich gut als Hauptelement und Blickfang. Seine hellblauen, mitunter weißen oder rosa Blüten locken Bienen an.

Gefäß
Rosmarin braucht ein mindestens 20 cm tiefes Gefäß, Substrat mit etwas Kalkschotter mischen.

Kultur
■ Rosmarin lässt sich aus Stecklingen verlässlicher ziehen als durch Aussaat. Man nimmt im Sommer einen Trieb von frischem Wuchs und setzt ihn in Saaterde oder kauft Jungpflanzen. Gut wässern.

■ Er bevorzugt einen sonnigen, geschützten Platz, zudem sind nicht alle Sorten winterhart. Empfindlichere Sorten werden im Haus überwintert.

■ Ein regelmäßiges Abzwicken der Triebspitzen lässt Rosmarin buschiger wachsen.

■ Man düngt und schneidet ihn nach der Blüte, aber nicht zu stark, denn aus altem Holz treibt er nicht mehr aus.

■ In Töpfen wird er alle fünf Jahre ausgetauscht.

Probleme
Rosmarinkäfer und ihre Larven fressen das Laub an. Man legt Papier unter die Sträucher und

Die aromatischen Blätter des immergrünen Rosmarinkrauts können das ganze Jahr geerntet werden. Sie bereichern allerlei Gerichte von Eintöpfen bis zu Braten.

schüttelt sie, sodass die Schädlinge abfallen. Zikaden verursachen Flecken auf den Blättern, sie sind allerdings überwiegend ein optisches Problem. Das gilt auch für den Schaum von Schaumzikaden.

Ernte und Lagerung
Die Blätter können ganzjährig geerntet werden, sind jedoch im Winter zäher. Rosmarin lässt sich gut trocknen, kann aber auch eingefroren oder in Öl und Essig eingelegt werden.

SORTEN 'Albiflorus', 'Arp', 'Blue Winter', 'Majorcan Pink', 'Prostratus', 'Rex', 'Weihenstephan'.

Salbei

Der Echte Salbei (*Salvia officinalis*) gehört mit vielen anderen Gewürzpflanzen zur Pflanzenfamilie der Lippenblütler, die alle mit intensivem Duft, manchmal farbenfrohem Laub und schönen Blüten auftrumpfen.

Gefäß
Ein mindestens 20 cm tiefer Topf mit reichlich Dränagematerial. Salbei braucht mageres, durchlässiges, sandiges Substrat.

Kultur
■ Zieht man Salbei aus Jungpflanzen, kann man bald mit dem Abernten beginnen. Bei Aussaat im Frühjahr muss man sich lange gedulden.

■ Ideal ist ein warmer, geschützter, sonniger Standort, im Frühjahr etwas Kompost geben.

■ Halten Sie Salbei kompakt und buschig, indem Sie die Triebe regelmäßig stutzen. Ein Rückschnitt ist im Frühjahr möglich.

■ Der fruchtig duftende Honigmelonen-Salbei (*S. elegans*) verträgt nur wenig Minustemperaturen.

■ Salbei ist in Töpfen oft kurzlebig. Alte, müde Pflanzen werden ersetzt.

Probleme
Rosmarinkäfer und ihre Larven fressen Blätter und Blüten an. Man sammelt sie ab oder schüttelt sie

Der Echte Salbei mit seinen weichen, blaugrünen Blättern sollte im Topf durch regelmäßiges Abernten kompakt gehalten werden.

auf Papier und entsorgt sie. Zikaden verursachen gelbe Flecken, die aber nicht weiter schlimm sind.

Ernte und Lagerung

Die Blätter werden in der Küche zum Würzen eingesetzt, etwa von italienischen Gerichten, Schweinefleisch und Butternut-Kürbissen. Man nutzt sie frisch, getrocknet und als Tee. Getrocknet sind sie sehr intensiv. Blüten zwickt man ab, wenn man die Blatternte verlängern will.

ARTEN u. SORTEN 'Icterina','Purpurascens', 'Tricolor', 'Mittenwald'; *S. lavandulifolia.*

Thymian

Thymian (*Thymus*) erfreut uns mit seinem Duft. Solange wir Staunässe von ihm fernhalten, fühlt er sich wohl. Einige farbige bzw. panaschierte Arten und Sorten machen sich gut in gemischten Kräutertöpfen, als Randbepflanzung oder für Lücken. Außerdem ist Thymian eine gute Bienenweide.

Gefäß

Mindestens 15 cm tiefe Töpfe, Ampeln oder Kästen mit durchlässiger Erde.

Kultur

■ Kaufen Sie Setzlinge oder vermehren Sie Thymian durch Teilen älterer Pflanzen.

■ Thymian wird an einen warmen, sonnigen

Die Palette der Thymian-Arten ist groß. Sie eignen sich alle für die Topfkultur – ob als farbenfrohe Randbepflanzung oder als zentrales Element.

Standort gepflanzt und gleich gewässert. Bis zum Einwachsen gießt man täglich, danach kann man ihn trockener halten.

■ Durch häufiges Abernten behält die Pflanze eine schöne Form.

■ Die Töpfe werden jährlich mit Kies gemulcht. Damit vermeidet man ein Faulen der Pflanzen.

■ Nicht winterharte Arten werden mit Vlies geschützt oder gleich nach drinnen gebracht.

Probleme

In der Regel keine.

Ernte und Lagerung

Solange man es nicht übertreibt, kann man Thymian das ganze Jahr ernten. Er wird getrocknet, eingefroren oder in Öl und Essig eingelegt. Man würzt mit ihm Eintöpfe, Soßen und Marinaden.

ARTEN u. SORTEN *T.* × *citriodorus* 'Lemon', *T.* × *c.* 'Silver Queen', *T. pulegioides.*

Kräuterbad

Ein gemischter Kräutertopf eignet sich bestens für den Anbau dieser nützlichen Küchenhelfer. Er begeistert nicht nur mit seinem Duft, sondern auch mit schöner Laubvielfalt. Unterstrichen wird das abwechslungsreiche Ensemble durch zweckentfremdete Behälter wie eine alte Blechwanne in gedeckten, weichen Tönen. Die frischen Blätter kann man bei Bedarf ernten und in Salaten, Tees und sogar Bädern verwenden.

Die meisten mehrjährigen Kräuter brauchen viel Sonne und stark durchlässige Erde. Deshalb mischt man in das Substrat vor dem Bepflanzen etwas Kies oder Sand. Etwas Kompost tut auch Kräutern gut, doch sollte man es nicht übertreiben, sonst werden die Blätter zu weich und verlieren ihren Geschmack sowie ihr Aroma. Ein leichtes Stutzen im Frühjahr regt die Bewohner des Gefäßes zum Neuaustrieb an, man kann sie aber auch durch regelmäßiges Abernten in Form halten. Nie sollte man allerdings mehr als ein Drittel des Laubs auf einmal abschneiden. Blüten werden abgezwickt, damit die Pflanzen ihre Energie in die Blatt- statt in die Blütenbildung stecken.

Weil nicht alle Gewächse in diesem Topf winterhart sind, stellt man ihn in wintermilden Regionen an einen geschützten Platz und wickelt ihn in Luftpolsterfolie ein – aber so, dass noch gut Wasser ablaufen kann. In Gegenden mit strengen Frösten bringt man ihn sogar nach drinnen. Alle Kräuter sollten nach 3–4 Jahren durch frische ersetzt werden.

Oben: Stellen Sie die Wanne an einen sonnigen, geschützten Platz ohne kalte Winde und wässern Sie regelmäßig.

Links: Damit die Kräuter immer gut aussehen, erntet man die Blätter gleichmäßig von den Triebenden her.

Ihr Kräuterbad anpflanzen

Sie brauchen

■ Alte Blechwanne ■ Bohrmaschine ■ Isolierband ■ Luftpolsterfolie ■ Sand ■ Mediterran-
pflanzen- oder Kräutererde ■ Salbei, Schnittlauch, Thymian, Rosmari, Oregano ■ Kies

1 Löcher in den Boden der Wanne bohren; dazu
vorher Isolierband aufkleben und durch das Band
bohren – es verhindert, dass der Bohrer abrutscht.
Seiten mit isolierender Luftpolsterfolie ausschlagen. Eine Lage Kies in die Wanne geben.

2 Wanne zu zwei Dritteln mit einer Mischung aus
drei Teilen Topferde und einem Teil Sand füllen, so
erhalten Sie ein durchlässiges Substrat.

3 Kräuter noch in ihren alten Töpfen in die
Wanne stellen und ausprobieren, welche Anordnung Ihnen am besten gefällt.

4 Jedes Kraut aus seinem Topf holen und einpflanzen; dabei Substrat nachfüllen, bis alle
Pflanzen festsitzen. Gut angießen.

5 Mit Kies mulchen, damit die Kräuter nicht mit
Bodenfeuchtigkeit in Berührung kommen. Regelmäßig wässern. Im Frühjahr Kompost geben oder
alle zwei Wochen Flüssigdünger.

Essbare Blüten

Lassen Sie ein paar Borretschpflanzen, die sich selbst ausgesät haben, im Garten stehen. Sie locken Bestäuber an.

Ringelblumen können im Herd getrocknet und im Schraubglas aufbewahrt werden, wenn der Sommer vorbei ist.

Vorsicht: Manche Menschen reagieren allergisch auf pflanzliche Inhaltsstoffe. Seien Sie daher vorsichtig, wenn Sie neue oder ungewöhnliche Pflanzen zum ersten Mal probieren. Nehmen Sie zunächst nur ein kleines Stück in den Mund, ohne es zu schlucken, und bleiben Sie nicht allein. Warten Sie mindestens eine Stunde, bis Sie mehr probieren, und essen Sie immer nur kleine Mengen. Schmeckt etwas bitter, zu würzig, ungewöhnlich oder abstoßend, spucken Sie es aus. Schwellungen und andere Veränderungen im Mund oder an den Lippen können auf eine Allergie hindeuten.

Borretsch

Die lebhaft blauen Blüten von Borretsch (*Borago officinalis*) gelten seit Langem als Delikatesse. Sie haben einen kühlen, frischen Gurkengeschmack, der Getränke und Salate aufpeppt. Außerdem lassen sie sich gut in Eiswürfeln einfrieren. Bienen und andere Bestäuber lieben die Blüten (siehe Seite 24). Borretsch kann beispielsweise in Halbfässern zusammen mit Ringelblumen oder allein in einem mindestens 20 cm tiefen Topf gezogen werden. Er kann sich stark versamen.

Vermehrung und Pflege
Ausgesät wird von April bis Juni. Borretsch braucht einen sonnigen Standort. Er keimt rasch und sollte nach etwa sechs Wochen erntereif sein. Zupfen Sie die Blüten immer wieder ab, damit die Pflanze kontinuierlich neuen Flor ansetzt.

Ernte und Lagerung
Ernten Sie die Blüten morgens. Sie können frisch, getrocknet und gefroren verwertet werden.

Ringelblumen

Die Blütenblätter von Ringelblumen (*Calendula*) bereichern Salate, Reis, Suppen und Eintöpfe durch ihre orange Farbe und pfeffrige Würze.

Vermehrung und Pflege
Ringelblumen sind unkompliziert und säen sich bereitwillig selbst aus. Sie kommen gut mit der Topfkultur zurecht (siehe Seite 164) und stellen wenig Ansprüche an das Substrat, blühen aber in der Sonne besser. Sie werden im Frühjahr ausgesät. Durch Abzwicken von Triebspitzen hält man die Pflanzen kompakt. Die Blüten werden häufig geerntet. Läuse bekämpft man mit Seifenlösung.

Sät man die bezaubernden blauen Kornblumen im Herbst aus, blühen sie im nächsten Jahr relativ früh.

Die Blüten der Sonnenblumen drehen sich tagsüber mit dem Lauf der Sonne.

Ernte und Lagerung
Schneiden Sie die Blüten kurz nach dem Öffnen ab. Sie werden frisch oder getrocknet verwendet.

Kornblumen

Die wunderschön kobaltblauen Blüten der Kornblume (*Centaurea cyanus*) duften nur schwach, aber ihre inneren Röhrenblüten haben einen süßen, würzigen Geschmack.

Vermehrung und Pflege
Sie werden im Herbst oder Frühling an einen offenen, sonnigen Standort in durchlässiges, sandhaltiges Substrat gesät. Haben Sie Geduld – die Keimung kann bis zu drei Wochen dauern. Halten Sie die Erde feucht, bis die Pflanzen eingewachsen sind, und verringern dann die Wassergaben. Die hohen, drahtigen Stängel werden bei Bedarf durch Umwickeln der Bündel mit Draht dezent am Umfallen gehindert. Zwickt man die Blüten, ob frisch oder welk, häufig ab, blühen Kornblumen länger. Sie werden von Bienen und Schmetterlingen angeflogen, sollten also auf mehrere Töpfe verteilt werden. Besonders tief blau zeigen sich die Blüten von 'Dwarf Blue Midget'.

Ernte und Lagerung
Ernten Sie die Blüten nur voll geöffnet. Sie können frisch oder getrocknet verwertet werden.

Sonnenblumen

Alle Teile der strahlenden Blüten von Sonnenblumen (*Helianthus*) sind essbar. Die Blütenblätter schmecken leicht nussig, während die Knospen wie Artischockenherzen zubereitet werden.

Vermehrung und Pflege
Die Aussaat erfolgt ab April in Topferde mit Zugabe eines Viertels guten Gartenkomposts. Weisen Sie Sonnenblumen einen warmen, sonnigen Standort zu. Man deckt die Töpfe erst mit Netzen ab und schützt Jungpflanzen vor Schnecken. Hohe Sorten eventuell stützen.

Ernte und Lagerung
Die Knospen werden geerntet, bevor sie sich öffnen. Blütenblätter zupft man nur von den frischen Blüten (siehe Seite 165). Zur Samengewinnung schneidet man die Blütenscheibe ab, wenn sie dunkelbraun ist, lässt sie trocknen und erntet. Belässt man sie an der Pflanze, tut man der Tierwelt Gutes.

Blumenfass

Essbare Blüten wie Ringelblumen (*Calendula*) und Kapuzinerkresse (*Tropaeolum*) bringen Farbe und Schwung in Salate und andere Speisen. Sie lassen sich ohne großen Aufwand im Gefäß kultivieren und rufen Bienen und Schmetterlinge, aber auch andere Nützlinge wie Marienkäfer, Florfliegen und Schwebfliegen auf den Plan. Weil Ringelblumen und Kapuzinerkresse außerdem Blattläuse von Bohnen weglocken können, stellt man den Topf zwischen Nutzpflanzen. Im Halbfass erhält das Arrangement ein rustikales Flair.

Säen Sie Sommerblumen wie z. B. Ringelblumen (siehe Seite 162), Sonnenblumen (*Helianthus*) (Seite 163) und Kapuzinerkresse (Seite 167) ab Mitte April aus und stellen Sie die Töpfe auf eine warme Fensterbank, bis sie größer sind. Härten Sie sie einige Tage ab, bevor Sie sie zusammen ins Halbfass umziehen lassen. Man kann auch alle als Setzlinge kaufen. Da Lavendel (*Lavandula*, siehe Seite 166) nur selten samenecht ist, besorgt man ihn als Ballenpflanze, sobald die Einjährigen bereit zum Verpflanzen ins Fass sind. Echter Lavendel (*L. angustifolia*) kommt im Winter besser mit feuchtem Substrat zurecht als etwa Schopf-Lavendel (*L. stoechas*), der zudem nicht winterhart ist. Dunkelviolette Sorten machen sich in dieser Kombination aus leuchtenden Einjährigen am besten.

Stellen Sie das Halbfass in die Sonne, denn Licht und Wärme sorgen für reichlich Blüten und lassen im Lavendel die ätherischen Öle entstehen, die ihm seinen feinen Duft geben. Alle Pflanzen brauchen ein durchlässiges Substrat, weshalb man den Boden des Fasses vor dem Bepflanzen ordentlich mit Tonscherben bedeckt. Stützen Sie die Sonnenblumen bei Bedarf und zwicken Sie die Triebspitzen der Kapuzinerkresse ab, damit sie buschiger wächst. Sobald alle Einjährigen abgestorben sind, schneidet man die Blütenstängel des Lavendels zurück. Im April wird er zudem generell gestutzt.

Kaum zu glauben: Dieses prächtige Fass enthält lauter essbare Blüten. Jede der Schönheiten bereichert Salate und viele andere Speisen um eine neue Dimension.

Das Blumenfass bepflanzen

Sie brauchen
■ Ringelblume, Kapuziner-
kresse und Sonnenblumen
(als Samen oder Pflänzchen)
■ Kleine Anzuchttöpfe ■ Halbfass ■ Dränagematerial (siehe
Seite 15) ■ Universalerde und
etwas Sand ■ 2 × Lavendel,
z. B. *Lavandula angustifolia*
'Munstead'

1 Kapuzinerkresse und Ringelblumen in kleine Töpfe säen
und in ein sonniges Fenster
stellen; Erde feucht halten.
Sämlinge ausdünnen, sobald sie
die ersten richtigen Blätter tragen. Umtopfen, wenn sie groß
genug sind, um nach draußen
zu kommen. Sonnenblumen
einzeln in drei Töpfe säen.

2 Den Boden des Halbfasses
mit Dränagematerial bede-
cken. Fass zu zwei Dritteln mit
Substrat-Sand-Gemisch füllen,
aber noch genug Platz für die
Blumen lassen. Die drei Sonnenblumen in die Mitte pflanzen,
dann die Kapuzinerkresse so an
den Rand setzen, dass sie über
den Rand wachsen kann.

3 Lavendel pflanzen und
Lücken mit Ringelblumen füllen. Erde um die Wurzelballen
festdrücken. Es muss noch Platz
bis zum Fassrand bleiben, damit
man besser gießen kann. Jetzt
und den ganzen Sommer gut
wässern und alle zwei Wochen
mit Flüssigdünger düngen.

4 Die essbaren Blätter und Blüten der Kapuzinerkresse regelmäßig abzupfen. Die Blütenblätter der Sonnenblumen ernten,
sobald sich die Blüten öffnen.
Ringelblumen und Lavendel bei
Bedarf ernten. Welkes abschneiden und häufig ernten, damit
sich neue Blüten bilden.

5 Salate farblich und
geschmacklich mit frischen
Blüten und Blättern der Kapuzinerkresse aufwerten. Beide
schmecken, ähnlich wie Brun-
nenkresse, leicht pfeffrig und
bringen eine besondere Note
in sommerliche Speisen.

Horstbildende Zwergformen der Taglilie eignen sich besonders gut für die Topfkultur.

Schopf-Lavendel (*L. stoechas*) braucht stark durchlässiges, saures Substrat und sollte frostfrei überwintert werden.

Taglilien

Taglilien (*Hemerocallis*) setzen Unmengen von Blüten an, die allerdings nur einen Tag lang halten – daher ihr Name. Zwickt man sie regelmäßig ab, verlängert sich ihre Blütezeit.

Vermehrung und Pflege
Die robusten Stauden sind leicht zu kultivieren. Sie fühlen sich in einem mindestens 20 cm tiefen Gefäß am wohlsten. Damit sie stabil stehen, verwendet man Universalerde oder pflanzt niedrige Sorten wie 'Frances Fay'. Man setzt sie im Frühjahr oder Herbst in die volle Sonne, Sorten mit dunklen Blüten ziehen aber etwas Schatten vor. Damit Taglilien kontinuierlich blühen, hält man das Substrat feucht und zwickt Welkes ab. Taglilien werden im Spätherbst oder Frühjahr zurückgeschnitten und alle drei Jahre geteilt.

Ernte und Lagerung
Taglilien finden in der chinesischen Küche Verwendung. Alle Teile sind essbar: Die Knospen lassen sich wie Bohnen genießen, die ungeöffneten Blüten kommen in Tempura zum Einsatz und mit den Blütenblätterm bestreut man Salate und Suppen.

Lavendel

Lavendel (*Lavandula*) ist eine ausgesprochen beliebte Gartenpflanze. Sie wird seit Langem auch als Heilkraut zur Beruhigung und Entspannung eingesetzt. Der Echte Lavendel (*L. angustifolia*) ist bei uns winterhart. Von Lavendel gibt es Hunderte von Sorten. Sie alle brauchen mindestens 20 cm tiefe Töpfe zu ihrer Entwicklung.

Vermehrung und Pflege
Den besten Duft entwickelt Lavendel an einem sonnigen Standort (siehe Seite 164), doch verträgt er auch etwas Schatten. Man pflanzt ihn im Frühjahr oder Herbst in leichte, stark durchlässige Topferde und wässert anschließend. Zu starkes Wässern tut dem mediterranen Gewächs genauso wenig gut wie nasse Füße. Halten Sie das Substrat daher in der kalten Jahreszeit fast trocken und schützen Sie die Halbsträucher in rauen Wintern. Im Frühjahr sollte man sie stutzen, einen starken Rückschnitt in altes Holz vertragen sie nicht.

Ernte und Lagerung
Die Blüten werden geerntet, sobald sie sich öffnen. Man setzt sie frisch oder getrocknet ein.

Die beliebte Kapuzinerkresse ist die fast perfekte Pflanze: schön, essbar und gut für die Natur.

Damit Veilchen nicht langtriebig werden und umfallen, zwickt man Blüten und Triebe immer wieder ab.

Kapuzinerkresse

Eine weitere »kulinarische« Blume ist die Kapuzinerkresse (*Tropaeolum*). Man schätzt ihre Blüten, Blätter und sogar Samen wegen ihres süßen, pfeffrigen Geschmacks in Salaten, aber auch paniert und gebraten.

Vermehrung und Pflege
Kapuzinerkresse gedeiht in Töpfen, Blumenampeln und Fensterkästen mit durchlässigem Substrat, in das Komposterde eingearbeitet wurde. Angesät wird sie, sobald die Temperaturen im Frühjahr lauer werden; die Pflänzchen müssen gut gewässert werden. An einer Stütze klettern sie hoch, doch kann man sie auch über den Rand von Töpfen wachsen lassen. Kapuzinerkresse stellt ihren Nutzen auch als Begleitpflanze (siehe Seite 27) unter Beweis: Sie soll Blattläuse von Dicken Bohnen und Kohl weglocken, doch fliegen auch Schwebfliegen, die Blattläuse fressen, auf sie.

Ernte und Lagerung
Die Blüten schmecken nur frisch und werden daher kurz vor dem Verzehr abgeschnitten, die Frucht erntet man grün. Geben Sie die Blätter in Salate.

Veilchen

Das beliebte Veilchen hat einen süßen Geschmack, der so gar nicht der oft pfeffrigen Schärfe vieler anderer essbarer Blüten ähnelt. Das März-Veilchen (*Viola odorata*) zeichnet sich durch zarte Süße aus, während das Wilde Stiefmütterchen (*V. tricolor*) an Kopfsalat und Erbsen erinnert. Die Blüten kommen in Salaten, Desserts und Tees zum Einsatz. Weil Veilchen mehrere Monate blühen, sind sie eine echte Bereicherung im Garten.

Vermehrung und Pflege
Kaufen Sie Setzlinge – sie sollten ab dem Herbst erhältlich sein, oder säen Sie sie im Herbst selbst aus, da sie eine Kälteperiode brauchen, um zu keimen. Veilchen sind pflegeleicht, unkompliziert und wachsen fast überall. Sie gedeihen in der vollen Sonne und in jedem Gefäß, das mindestens 10 cm tief ist. Das Abzwicken welker Blüten hält sie blühwillig.

Ernte und Lagerung
Die Blüten können vom Frühjahr an bis in den Frühwinter abgezwickt und frisch, getrocknet oder kandiert genossen werden.

Auf ins Frühjahr!

Manchmal kann man es gar nicht erwarten, endlich loszulegen: Wie schön ist immer wieder die erste Ernte des Jahres! Dieses simple Gefäß enthält ein paar Genüsse, die schon nach wenigen kurzen Wochen im Frühjahr erntereif sind.

Die Sprinter unter den Nutzpflanzen eignen sich nicht nur vorzüglich als Zwischenfrucht (siehe Seite 16), sie verdienen auch ihr eigenes Gefäß, wie hier einen Fensterkasten. Füllen Sie ihn im April mit leichter, durchlässiger Erde und stellen Sie ihn an einen warmen, sonnigen Platz. Düngen ist gar nicht nötig, denn die Schnellstarter sind in so kurzer Zeit reif, dass der im Substrat enthaltene Vorrat an Nährstoffen für die wenigen Wochen ausreicht. Allerdings muss gut gewässert und gejätet werden, vor allem bei warmer Witterung. Da Spinat und

Pflücksalat schlecht keimen, wenn es zu warm ist, und zudem dann im Handumdrehen schossen, stellen Sie den Kasten an einen kühlen Platz, wenn es wirklich heiß werden sollte. Ernten Sie die Blätter, Radieschen und Frühlingszwiebeln jung. Auch die Veilchenblüten werden geerntet oder abgeschnitten, wenn sie welk werden.

Alle Pflanzen dieses Arrangements lassen sich die ganze Saison hindurch immer wieder ansäen. Im Spätsommer kann man auf winterharte Sorten umsteigen und das Ensemble dann sogar über den Winter bis ins nächste Jahr retten. Bei einer Folgeaussaat muss allerdings Langzeitdünger ins Substrat eingearbeitet werden. Wenn die Veilchen müde werden, ersetzt man sie durch frisch Exemplare.

Oben: Der hübsche Kasten versorgt Sie das ganze Jahr mit essbaren Veilchenblüten für Salate. Sobald sich eine Lücke auftut, säen Sie nach, was Ihnen am besten schmeckt.

Links: Ernten Sie alles Verwertbare immer gleich. Die Frühlingszwiebeln und Radieschen werden aus der Erde gezogen, bevor sie zu groß werden, die Spinat- und Pflücksalatblätter schneidet man, sobald sie in der Küche gebraucht werden.

Den Frühjahrstopf bepflanzen

Sie brauchen
- ■ Trog oder Fensterkasten, mindestens 45 cm lang ■ Dränagematerial (siehe Seite 15) ■ Universalerde ■ 3 Veilchensetzlinge ■ Sand zum Markieren ■ Samen von Pflücksalat, Spinat, Frühlingszwiebeln und Radieschen

1 Boden des Gefäßes mit Dränagematerial bedecken, dann Gefäß zu drei Vierteln mit Substrat füllen. Veilchen gleichmäßig im Kasten verteilen und einpflanzen, dabei weiter Erde einfüllen. Gut angießen.

2 Mit Sand die Stellen markieren, an die das Gemüse gesät werden soll. Ist man mit dem Arrangement nicht zufrieden, kann man den Sand immer wieder verwischen und neu streuen.

3 Sobald eine zufriedenstellende Anordnung gefunden ist, jedes Gemüse in den Sand säen und etwas Erde darüberhäufeln, bis die auf den Samenpäckchen empfohlene Aussaattiefe erreicht ist. Gut angießen.

4 Nach etwa einer Woche sollten die meisten Samen keimen. Sobald die Sämlinge groß genug sind, dünnt man sie aus, damit die verbliebenen mehr Platz haben. Unkraut sofort herauszupfen, da es mit den Nutzpflanzen um Wasser und Nährstoffe konkurriert.

5 Immer gut wässern – vor allem die Radieschen platzen, wenn sie nicht gleichmäßig wachsen können, während Spinat bei Trockenheit schosst. Radieschen noch jung und knackig aus der Erde ziehen. Das übrige Gemüse bei Bedarf ernten.

Glossar

Alte Sorte Seit Langem bekannte, oft seltene Züchtung, die besonders gut schmeckt oder eine ungewöhnliche Farbe bzw. Form hat und im Garten gut gedeiht. Alte Sorten werden in der Regel offen bestäubt, sind samenfest und nicht genetisch verändert. Ihre Samen können gesammelt und für künftige Aussaaten verwendet werden.

Art In der Pflanzenklassifizierung eine zwischen Gattung und Sorte angesiedelte Gruppe eng verwandter Pflanzen, die sich untereinander vermehren können.

Aussaaterde Auch Anzucht- oder Vermehrungserde genannt. Ein sehr feinkrümeliges, steriles und nährstoffarmes *Substrat*, das im Handel erhältlich ist und sich für Aussaaten besonders gut eignet.

Ballerina Auch Säulenapfel genannt. Ein Apfelbaum, der aus einem gestauchtem Stamm mit kurzen Seitentrieben besteht und die Äpfel stammnah trägt. Er ist vor allem für kleine Gärten geeignet.

Baum Eine Pflanze mit einzelnem, verholztem Stamm.

Dippelsaat Die Aussaat einzelner Samen oder kleiner Samengruppen aus zwei bis drei Samen in vorgegebenen Abständen in einen Topf oder eine *Rille*. Es handelt sich um eine wirtschaftliche Form der Aussaat, denn zum einen muss weniger ausgedünnt werden, zum anderen werden Lücken in der Saatreihe vermieden. Nach dem Keimen zupft man den oder die schwächsten Sämlinge aus und lässt nur den kräftigsten stehen.

Edelreis Ein Trieb oder eine Knospe, die von einer Pflanze abgeschnitten und auf eine *Unterlage* aufgepfropft wird. Das Edelreis ist der obere Teil einer veredelten Pflanze.

Einjährige Eine Pflanze, die ihren Lebenszyklus – Keimen, Blühen, Absterben – innerhalb eines Jahres vollendet.

F1-Hybriden Erste Generation aus der Kreuzung von zwei reinerbigen Elternpflanzen; sie ist nicht *samenfest*. Die Nachkommen von F1-Hybriden unterscheiden sich genetisch stark von ihren Eltern.

Fremdbestäubung/Fremdbefruchtung Die Übertragung von Pollen vom Staubblatt der Blüte einer Pflanze auf die Narbe der Blüte einer anderen Pflanze.

Fächer Ein *Baum* oder *Strauch,* der so erzogen wird, dass seine Zweige auf einer Ebene aus einem einzelnen kurzen Stamm entspringen.

Gattung In der Pflanzenklassifizierung eine Gruppe verwandter *Arten*. Mehrere Gattungen bilden eine Familie.

Halbfass Ein Pflanzgefäß, das aus einer Hälfte eines in der Mitte durchgeschnittenen Holzfasses besteht.

Hochstamm Ein *Baum* oder *Strauch* mit einem einzelnen, bis in 1,60–1,80 m Höhe unbeasteten Stamm. Halbstämme sind bis 1,00–1,20 m, Niederstämme bis 60–80 cm unbeastet.

Kompost(erde) Organische Substanz, die durch Zersetzung von Pflanzenmaterial, Küchenabfällen, Papier, Karton entsteht. Die verrottete, dunkle Erde wird als Mulch oder zur Anreicherung von *Substraten* mit Nährstoffen verwendet.

Kopfdüngung Sie wird auf den wachsenden Pflanzenbestand aufgebracht. Bei Topfkultur hier das Auftragen einer Lage frischen *Substrats* auf die Oberfläche eines Topfs, um die Nährstoffe in der Topferde zu erneuern, nachdem vorher die oberste Schicht des alten *Substrats* abgetragen wurde. Eine Kopfdüngung ist auch mit *Mulch* möglich.

Kordon Ein *Baum* oder *Strauch,* der als Einzelstamm wächst und oft vor einer Mauer an Drähten erzogen wird.

Kübelpflanzenerde In der torffreien, umweltfreundlichen Version ein Substrat aus einer Grünschnittkompost-, Kokosfaser- und Tonmischung mit zugesetzten Nährstoffen und Bims. Die Erde eignet sich vor allem für große Töpfe. Sie hält Feuchtigkeit gut und wird vor allem bei längerfristigen Pflanzungen und für sehr nährstoffbedürftige Kulturen verwendet.

Mischfrucht Schnellwüchsige Nutzpflanzen wie Radieschen, die zwischen Reihen langsamer reifender Sorten wie Pastinaken gesät werden, sodass der Platz optimal genutzt wird. Mischfrucht wird geerntet, bevor das langsamere Gemüse reif ist.

Moorbeeterde Spezielles Substrat für Pflanzen, die saure Erde mit einem pH-Wert unter 5 bevorzugen, zum Beispiel Heidelbeeren.

Mulch Eine Schicht aus organischem oder anorganischem Material, das auf die Oberfläche von Böden bzw. Topferden aufgetragen wird. Sie verringert die Verdunstung von Feuchtigkeit aus der Erde, dient als Barriere gegen Schädlinge und Unkraut, verhindert die Verdichtung der Erde und isoliert den Wurzelballen, sodass er etwas vor Kälte geschützt wird.

Panaschiert (von Blättern) zwei- oder mehrfarbig.

Pflanzholz Ein Werkzeug, das beim Aussäen und Stechen von Pflanzlöchern verwendet wird.

Pflanzsack Ein im Handel erhältlicher Sack aus Kunststoff, der mit nährstoffreichem *Substrat* gefüllt und für die Kultur von Zier- und Nutzpflanzen als Alternative zur Freiland- oder Topfkultur verwendet werden kann.

Rille (Saatrille) Eine gerade, schmale, nicht sehr tiefe Furche, in die Samen gesät werden.

Samenfest Beschreibt eine Pflanze, aus deren Samen sich Nachkommen entwickeln mit den gleichen Eigenschaften wie die der Mutterpflanze. Samen von Lokalsorten und älteren gärtnerischen Züchtungen sind samenfest. Nicht samenfest ist das Saatgut von *F1-Hybriden*.

Schossen Vorzeitig blühen und Samen ansetzen bei Pflanzen. In der Regel Folge von Stress durch Hitze, Trockenheit oder plötzlichen Kälteeinbruch.

Setzling Eine durch Aussaat oder vegetative Vermehrung herangezogene Jungpflanze, die bereits einen Wurzelballen hat.

Sorte Eine durch Züchtung oder Auslese entstandene Variante einer *Art*. Sorten einer Art unterscheiden sich in einem oder mehreren Merkmalen voneinander.

Spalier Ein *Baum* oder *Strauch* mit vertikalem Stamm und horizontal gezogenen Ästen, der oft vor einer Wand erzogen wird.

Stallmist Mist aus der Tierhaltung; in gut verrotteter Form wird er in den Boden oder in *Substrat* eingearbeitet oder aufgestreut, um den Nährstoffreichtum zu erhöhen. Auch Dung genannt.

Staude Eine nicht verholzende Pflanze mit einer Lebensdauer von mehr als zwei Jahren.

Strauch Pflanze mit verholzenden Trieben, die im Gegensatz zum *Baum* mehrere aus einer Basis am Boden hervorgehende gleichwertige Stämme hat.

Substrat Ein Medium für die Kultur von Pflanzen. Dabei kann es sich um den natürlichen Boden im Freiland oder spezielle Mischungen für Pflanzgefäße handeln. Es gibt unterschiedliche Substrate im Handel, etwa *Universalerde, Kübelpflanzenerde, Aussaaterde* oder *Moorbeeterde*.

Umtopfen Das Umsetzen von Sämlingen oder Setzlingen in einen neuen, größeren oder gleich großen Topf, um dem Wurzelstock mehr Platz oder neue Nährstoffe zu bieten. Bleibt der Topf gleich groß, wird der Wurzelballen etwas verkleinert, damit Platz geschaffen wird für frisches *Substrat*.

Universalerde *Substrat* aus Torf, Ton bzw. Lehm, Sand, etwas Kalk, Düngern und evtl. noch verschiedenen weiteren Zuschlagstoffen. Sie eignet sich für die Kultur einer Vielzahl von Pflanzen. Wird oft auch Blumenerde genannt. Inzwischen ist umweltfreundlichere torffreie Universalerde erhältlich.

Unterlage Der untere Teil einer veredelten Pflanze. Die Unterlage ist ausschlaggebend für die endgültige Größe, die eine Pflanze erreicht. Sie wird mit dem *Edelreis* verbunden.

Verdichtet So charakterisiert man einen Wurzelballen, der einen Topf so sehr ausfüllt, dass die Wurzeln viel zu dicht und gedrängt wachsen. Eine starke Verdichtung des Wurzelraums wirkt sich nachteilig auf das Wachstum und die Gesundheit der gesamten Pflanze aus.

Winterhart So nennt man eine Pflanze, die den Winter in einer bestimmten Klimazone im Freien überlebt. Die Winterhärte ist auch abhängig vom Makro- und Mikroklima. So können Pflanzen, die gerade noch -15 °C überleben, in milden Weinbaugegenden Mitteleuropas winterhart sein, in rauen Gegenden hingegen im Winter erfrieren.

Wurzelnackt Eine Pflanze, deren Wurzeln beim Kauf ohne umgebenden Erdballen sind.

Zweijährige Pflanze, die ihren Lebenszyklus innerhalb von zwei Jahren vollendet.

Zwischenfrucht Schnellwüchsige Pflanze, die zwischen der Ernte einer und der Aussaat einer weiteren Hauptfrucht angesät und kultiviert wird.

Register

Kursiv gesetzte Seitenzahlen verweisen auf Abbildungen, **fett** gesetzte auf Kästen oder Haupteinträge.

A

Abhärten 18

Abzwicken
  Triebspitzen 23, *81, 83*, 90
  welke Blüten 23

Allium siehe Knoblauch, Lauch, Schnittlauch, Zwiebeln

a te Sorten 16
  Sammeln von Samen **31**

Äpfel **42–45**

Apfelschorf 42

Apfelwickler 42

Armoracia rusticana siehe Meerrettich

Asia-Salate **134**

Auberginen **82, 84–85**
  Aussaat drinnen 20
  Bestäubung *25*

Aufbewahrungskiste als Pflanzgefäß 84–85

Ausdünnen *20*, 102

B

Bakterienbrand 50, 53

Basilikum **152, 154–155**
  Begleitpflanze **27**, 76
  Triebspitzen abzwicken *81*
  violettes Basilikum *17*

Befruchtung *siehe* Bestäubung

Begleitpflanzen *27*, **27, 76, 120–121, 124–125**

Beinwell 15

Bestäubung 24–25

Bewässerungssysteme 28, *29*

Bienen *24, 72*

Bierfallen **34**

Birnen **46**

Birnenpockenmilbe 46

Blattläuse *34*, 34, 119

Blattsalate **126–127, 130–133,** 168–169
  in Quadratmetergärten 37

Blattsenf *131*

Bleiglanz 50, 53

Blumenampeln 13
  Erdbeeren **72–73**
  Kirschtomaten **78–79**

Blütenendfäule 77

Bohnen
  Abhärten 18
  Aussaat drinnen 20
  Kombination mit Mais **124–125**
  Quadratmetergarten 37, *38*

Borretsch **162**
  als Begleitpflanze **27, 76**

Braunfäule 42, 46

Buschbohnen **118**

C

Calamondinorangen 48

Calendula siehe Ringelblumen

Centaurea cyanus siehe Kornblume

Chilis **83, 86–87, 136**
  siehe auch Paprika und Chilis

Chinakohl **134**

Cymbopogon citratus siehe Zitronengras

D

Dicke Bohnen **119**

Dill **140–141**

Dränage 15, 27

Dünger
  Langzeitdünger *14*
  Typen 15
  Zeitpunkt 23

E

Echter Mehltau 34, 56, 65, 88, 89

Erbsen **122, 126–127**

Erbsenwickler 122

Erdbeeren **70–73**

Erdflöhe 35, 107

Ernte
  Äpfel 42–43, 44–45
  Asia-Salate *134*
  Grünkohl *129*
  Mais *124*
  Nutzpflanzen (*allgemein*) 30–31
  Quadratmetergärten *39*
  Rhabarber *116*

essbare Blüten 160–169

F

F1-Hybriden **31**

Falscher Mehltau 65

Feigen *7*, **47**

Fenchel **143**
  in Fensterkästen 146–147

Fensterbank für Ausaaten *20*

Fensterkästen 13
  Kräuter **146–147**

Fiberglasgefäße 13

Foeniculum vulgare siehe Fenchel

Frostschutz 27

Frühlingszwiebeln **109–111**, 168–169

G

Gallmilben 64

Gefäße
    Größen 28
    Materialien 12–13, 28

Gelbe Rüben *siehe* Möhren

Gemüse (*allgemein*) **74–137**
    Aussäen und Anpflanzen 18–21
    Auswahl und Kauf 16
    Eignung für die Topfkultur 17
    Misch- und Zwischenkultur **16**

Geranium siehe Storchschnabel

Gewässer 26

Gießkannen *29*

Grapefruits 48

Grauschimmel 65, 71, 82, 131

Grünkohl **129**

Gurken **89**
    Klettern **90–91**

H

Haferpflaumen 53

Halbfass als Pflanzgefäß 164–165

Hängekörbe *siehe* Blumenampeln

Heidelbeeren **60–63**
    Ernte *30*

Helianthus siehe Sonnenblume

Henkelkorb aus Altreifen 110–111

Himbeeren **57–59**

Himbeerkäfer 57

Hochbeete *26*
    Bepflanzung *38*
    Quadratmetergarten 36–39

Holzgefäße 13

I-J

Insekten
    Nützlinge 26, 34
    Schädlinge 32–35

Johannisbeerblattlaus 64

Johannisbeeren **64**

K

Käfer 35

Kalium 15

Kälteschutz 27

Kapuzinerkresse 164–165, **167**
    als Begleitpflanze **27**

Karotten *siehe* Möhren

Kartoffeln **96–99**
    Kraut- und Knollenfäule 35

Kartoffelschorf 97

Kiesmulch *14*

Kirschen **50–51**

Knoblauch **112**

Kohlgewächse 17
    Schädlinge 35

Kopfkohl **128**

Kopfsalate *siehe* Blattsalate

Kordon 56

Koriander **142**, **144–145**
    als Begleitpflanze **27**
    Ernte *31*

Kornblume **163**

Krankheiten 34–35

Kräuselkrankheit 52

Kräuter (*allgemein*) **138–159**

Kraut- und Braun- bzw. Knollenfäule 35, *35*, 96–97

Kumquats 48

Kunststoffgefäße 13

Kupferband **34**

Kürbis **92**

Kürbisse **92**
    Aussaat drinnen 20

L

Lagerung 30–31
    Äpfel 42–43
    Chilis *86*

Lauch **108**

Lauchmotte **108**

Laurus nobilis siehe Lorbeer

Lavendel 164–165, **166**
    als Begleitpflanze **27**
    Schädlinge 35

Limetten 48

Lorbeer **148–149**

M

Mais **123**
    Aussaat drinnen 20
    Bestäubung 25
    Kombination mit Bohnen **124–125**

Mangold **113**

Meerrettich **141**

Mentha siehe Minze

Metallgefäße 13

Mibuna **134, 136**

Mikroklima *24*

Minze 23, **149–151**

Mischkultur **16**

Mizuna *131*, **134, 136**

Möhren *8*, **101**
    als Begleitpflanze *77*
    in Quadratmetergärten 37
    mit Schnittlauch **104–105**

Möhrenfliege **101**

Moorbeeterde 14

Mulch *14*, 15, 25
    Schutz vor Austrocknen 28
    Schutz vor Kälte 27
    Schutz vor Schädlingen *33*, **34**

N

Nematoden zur Schnecken-
    bekämpfung **34**

Netze *25*

Nistkasten *26*

Nutzpflanzen (*allgemein*)
    Aussäen und Anpflanzen
      18–21
    Auswahl und Kauf 16–17
    Ernten 30–31
    Lagerung 30–31
    Probleme 32–35
    Versorgen und Schützen
      22–27, 32
    Wässern 28

O

Obst (*allgemein*) 40–73

Obstbäume
    Auswahl und Kauf *17*, 17
    Pflanzung 21

Ocimum basilicum siehe
    Basilikum

Oliven **54–55**

Orangen 48

Oregano **152–153**
    panaschiert *17*

P

Pak Choi *134, 136*

Palmkohl *129*

Paprika und Chilis 15, **83,
    154–155**

Pastinaken **106**

Perlit *14*

Petersilie **153**
    in Fensterkästen 146–147

Petroselinum crispum siehe
    Petersilie

Pfirsiche **52**
    Bestäubung 24
    Umtopfen *21*

Pflanzsäcke 13

Pflaumen **53**
    Bestäubung 24–25

Pflücksalat *siehe* Blattsalate

Pheromonfallen 53

Q

Quadratmetergarten 36–39
    Bepflanzen 38–39
    Checkliste **37**

R

Radieschen *16*, **107**, 168–169
    in Quadratmetergärten 37,
      38

Raupen 35, *35*, 128

Regentonnen *29*

Renekloden 53

Rettiche *siehe* Radieschen

Rhabarber **115–117**

Ringelblumen **162–163**

Rosmarin **156**

Rosmarinkäfer 35,156

Rost 108

Rote Bete **100**, **102–103**,
    126–127
    in Quadratmetergärten 37

Rote Johannisbeeren 64

Roter Senf **134**

Rucola **135, 154–155**

S

Salbei **156–157**
    Schädlinge 35

Salvia siehe Salbei

Samen
    Aussaat 18–21, 37
      Blattsalate *131*
      Chilis *87*
      drinnen 20–21
      Gurken *91*
      Koriander *144–145*
      Möhren 104
      Rote Bete *103*
      Rucola *155*
      Spinat 114
    Auswahl und Kauf 16–17
    Sammeln und Lagerung **31**

Sämlinge ausdünnen *20*

Sammeln von Regenwasser 28,
    29

Schädlinge 32–35

Schalotten **109**

Schildläuse 55

Schnecken 32–34, **34**, *39*, 93,
    107

Schnitt 23
    Äpfel **43**

Heidelbeeren **60**

Himbeeren **57**

Johannisbeeren **64**, 66, 67

Oliven **55**

Pfirsiche **52**

Pflaumen **53**

Weinreben **65**

Zitruspflanzen **49**

Schnittlauch **140**
Knoblauch-Schnittlauch **27**
mit Möhren **104–105**

Schokoladenfleckenkrankheit
119

Schossen 109

Schutz von Pflanzen 22–27, 32

Schwarzäugige Susanne 15

Schwarze Johannisbeeren 64,
66–67

Seetang 15

Sonnenblumen **163**, 164–165
mit Bohnen **120–121**

Spargel 17

Spinat **114**, 168–169
Ausdünnen *20*
in Quadratmetergärten 37

Square Foot Gardening 36

Stachelbeerblattwespe 56

Stachelbeeren **56**

Stangenbohnen **118**
Ernte *31*
Kombination mit Sonnen-
blumen **120–121**

Stiefmütterchen *siehe* Viola

Stippigkeit 42

Storchschnabel *68*

Studentenblume **27**
als Begleitpflanze **76**

Stützen 23
Äpfel 44, *45*
Gurken *91–92*
in Quadratmetergärten 37

Substrate *siehe* Topferden

Süßkartoffeln **93–95**

T

Tagetes siehe Studentenblume

Taglilien **166**

Thunbergia alata siehe
Schwarzäugige Susanne

Thymian **157**

Tiere im Garten 26

Tomaten *8*, **76–81**
Abhärten *18*
Aussaat drinnen 20
Ernten *30*
Kirschtomaten **78–79**
Kraut- und Braunfäule 35,
77
Long Tom **80–81**
in Quadratmetergärten *39*

Tongefäße 12–13, *13*

Töpfe *siehe* Gefäße

Topferde 14, 28

Tropaeolum siehe
Kapuzinerkresse

U

Umtopfen 18, 25

Urlaubsplanung **24**

V

Vergissmeinnicht *131*

Vermiculit 14

Viola **167**, 168–169
in Fensterkästen 146–147

Vögel als Schädlinge 56

Vogelbad 26

Vorkeimen 96, *98*

Vortreiben 115

W

Walderdbeeren **70**

Wanne als Gefäß *158–159*

Wasserabzug *siehe* Dränage

Wässern 23, 28–29
Tipps **28**

Wasser speicherndes Granulat
28

Weinreben **65, 68–69**

Weiße Bohnen 118

Weiße Fliege **76**

Weiße Johannisbeeren 64

Werkzeug **13**

Y-Z

Ysop **148**

Zikaden 156–157

Zitronen 48

Zitronengras **142–143**

Zitrusfruchtschalen **34**

Zitruspflanzen **48–49**

Zucchini **88**
Abhärten 18
Aussaat drinnen 20
in Quadratmetergärten 37, *38*

Zuckermais *siehe* Mais

zweckentfremdete Gefäße 13

Zwiebeln **109–111**

Zwischenkultur **16**

Dank

Der Verlag dankt folgenden Herstellern, die groß-zügig ihre Produkte zur Verfügung gestellt haben, um dieses Buch möglich zu machen:

Für Gießkannen, Substrate, Dünger, Netze und Töpfe:

Julia Leakey von Crocus
www.crocus.co.uk;

Sophie Hedges von Garden Trading
www.gardentrading.co.uk;

Victoria Myhill von Harrod Horticultural
www.harrodhorticultural.com;

Andrew von Hen & Hammock
www.henandhammock.co.uk;

Emma De Maio von Stewarts
www.stewartcompany.co.uk;

Nicola Bacon von Westland Horticulture
www.gardenhealth.com und Marshalls Seeds
www.marshalls-seeds.co.uk;

Heather Gorringe und Sandra Montague von Wiggly Wigglers
www.wigglywigglers.co.uk.

Für Saatgut und Jungpflanzen:

Janice von Jersey Plants Direct
www.jerseyplantsdirect.com.

David Turner von Mr. Fothergill's
www.mr-fothergills.co.uk;

Sally Norman von Sarah Raven
www.sarahraven.com;

Francijn Suermondt und Shaun Brazendale von Suttons Seeds www.suttons.co.uk;

Julie Butler von Thompson & Morgan
www.thompson-morgan.com;

Für die Unterstützung beim Fotografieren ihrer Gefäße:

Matthew Wilson, Victoria Kyme, Lucy Roberts und Charlotte Muswell von Clifton Nurseries www.clifton.co.uk; Mario De Pace von der RHS Wisley www.rhs.org.uk; Jenny Richmond; Teresa Farnham; Don Mapp; Chris Achilleos von Marsh Lane Allotments; Mark Ridsill Smith und Andy Male.

Bildnachweis

(o) oben, (u) unten, (l) links, (m) Mitte, (r) rechts

Alle Fotos von Steven Wooster außer:
GAP Photos: 59 um Zara Napier.

Garden World Images: 95 GWI/Flowerphotos/J. Buckley; 124 r J.Swithinbank.

Octopus Publishing Group: David Sarton 10–11, 14 or, 123 u Gabriel Ash/RHS Chelsea Flower Show 2008; 24 l; 83 o; 130 l; 131. Torie Chugg 23 m; 42 o; 47; 48 l & r; 71 u; 71 ol. Stephen Robson (von Creative Vegetable Gardening) 68.

Suttons Seeds: 88 o; 118 u; 119; 123 o; 129 r; 157 o; 166 l.

The Garden Collection: 19 Liz Eddison/Design von Philippa Pearson/RHS Hampton Court; 25 or Neil Sutherland; 35 o Bob Kennett-FLPA; 96 Derek St Romaine.

Thinkstock: Dorling Kindersley RF 20 o; 31 u; 70; 76 u; 100 l; 114 o; 134 l & r; 153 u. Goodshoot 74–75. Hemera 26 ul; 34 l; 42 u; 51; 69; 76 u; 85 ur; 114 b; 160–161; 163 l; 166 r; 167 l. iStockphoto 8 r; 13 l; 14 ol & or; 16; 18; 20 u; 23 o; 24 r; 26 ur; 29 ur; 30 l & r; 32; 34 r; 35 u; 40–41; 45 ur; 46; 49; 50; 53; 61; 82; 92; 100 r; 101; 107 l & r; 108; 109 o & u; 112 u; 113; 118 o; 122; 128 o; 130 r; 135 o & u; 138–139; 140 o & u; 141 o; 142; 143 r; 148 u; 149 ml & ul; 153 o; 156; 157 u; 162 l; 163 r; 165 ur.

Cover: Vorn: William Reavel/Dorling Kindersley Hinten: Christina Bollen/GAP Photos (ol), David Sarton/Octopus Publishing Group (or), Juliette Wade/GAP Photos (ul), John Glover/GAP Photos (ur)

4\17